Dietmar Vorderegger

Schule des traditionellen Bogenschießens
Step by Step

3. Auflage

1. Auflage 2002, 2. Auflage 2005, 3. Auflage 2009

© VORDEREGGER & Partner GmbH - Bogensportverlag, Salzburg

ISBN: 978-3-9501778-1-7

Salzburg 2009

Nachdruck und Übersetzungsrechte liegen nur beim Autor. Ohne ausdrückliche Genehmigung des Autors ist es nicht gestattet, das Buch oder Teile daraus zu vervielfältigen oder zu verbreiten.

Grafiken, Fotos, Layout, Titelbild und Umschlaggestaltung:
Dietmar Vorderegger

Printed in Austria

Möge dir der Geist des traditionellen
Bogenschießens viel Freude und
Erfüllung bringen.

Inhalt

Kapitel 1
Grundausbildung im traditionellen Bogenschießen

Rechts- oder Linksschütze 14
Hilfsmittel für die Grundausbildung: Der Rohrbogen 15
Step 1: Der Stand 16
    Paralleler Stand 16
    Offener Stand 16
    Die Beinstellung 16
Step 2: Körperhaltung 19
Step 3: Bogenarm- und Zugarmstellung 22
    Bogenhand 22
    Zughand 25
Step 4: Der Auszug 27
Step 5: Schräghalten des Bogens 31
Step 6: Anker und Referenzpunkte 34
Step 7: Lösen (Release) 37
Step 8: Nachhalten 39
Step 9: Der komplette Schuss 40
    Methode mit Arm in haltender Position 42
    Die Druck-Zug-Methode (Push-Pull-Methode) 44
    Methode mit gestrecktem Arm (Swing-Draw-Methode) 46
Step 10: Wie zielt man? 48
    Zielpunkt-Methode (Point of Aim) 48
    Instinktives Zielen 53

Step 11: Richtung und Entfernung 55
    Die Richtung 55
    Die richtige Entfernung 56

Kapitel 2
Schießtraining für Fortgeschrittene

Der komplette Schussablauf 60
    Der erste Schuss 60
    Der zweite und dritte Schuss 61
    Die Idealtechnik 62
    Die Atmung 63

Vom bewussten zum unbewussten Bewegungsablauf 65

Gliederung des Schießtrainings 66
    Trainingsbereiche 66
    Elementtraining 67
        Training von Teilabläufen: Beispiel Auszug 67
        Schuss mit geschlossenen Augen 69
        Der Trockenschuss 69
    Bewegungsablauftraining 70
        Bewegungsablauf auf kurze Entfernung 70
        Bewegungsablauf auf Wettkampf-Entfernung 70
        Treffertraining 71
        Nullpunkttraining 72
            Ermittlung des Nullpunktes bei Instinktivschützen 72
            Grobschätzung der Nullpunktentfernung 73
        Bergabschüsse 75
            Trefferlage bei Bergabschüssen 77
        Bergaufschüsse 79
            Trefferlage bei Bergaufschüssen 80
        Fehlerkorrektur bei Bergauf- und Bergabschüssen 82
        Entfernungstraining 83

Schüsse auf nahe Entfernungen 83
　　　Schüsse auf weite Entfernungen 84
　　Beobachtungstraining 85
　　　Geländeanalysen 85
　　　Entfernungsschätzen 89
　　Pik a Spot 92
　　　Augenschule 92
　　　Schießen unter Störfaktoren 93
　　Spezialtraining 95
　　　Leistungskontrolle ohne Bedingungen 95
　　　Leistungskontrollen mit Wettkampfelementen 96
　　　Leistungskontrolle mit Zusatzbedingungen 97

Ausgewählte Einflussfaktoren auf die Trefferquote 98
　　Zittern des Bogenarms 98
　　Die T-Form 98
　　Die Pulsfrequenz 99

Kapitel 3

Erkenne deine Fehler

Fehlerursachen 102
　　Bewegungsmängel 103
　　Psychogene Ursachen 103
　　Mangelhaftes Erlernen 104
　　Ungewohnte Bedingungen 104
　　Nicht-systematische Fehler 104
Methoden zur Fehlerbeseitigung 105
　　Erkennen der Ursachen 105
　　Zerlegen des Bewegungsablaufes 105
　　Schriftlicher Schussablauf 106
　　　Hilfsmitteln zur Optimierung des Bewegungsablaufes 107
　　　Rohrbogen 107
　　　Gummiband 107

Spiegel 108
Video 108
Laser 109
Partner oder Trainer 110

Kapitel 4

Taktik im traditionellen Bogensport

Allgemeine Taktik 114
    Regeln kennen 114
    Witterungseinflüsse 115

Spezielle Taktik 116
    Materialabstimmung und Materialfehler 116
    Schüsse in nicht gewohntem Gelände 117
    Der Kill bei ungewohnten Winkeln 118
    Ausgleichen von Fehlleistungen im Wettkampf 120
        Umgang mit Teilnehmern 120
    Pausen im Wettkampf 121
    Ernährung im Wettkampf 121

Kapitel 5

Leistungstraining und Trainingsplanung

Prozess der Trainingsplanung 124
Ziele setzen 125
Arten von Trainingsplänen 126

Der Jahresplan 126
Der Wochenplan 127
Der Trainingseinheitenplan 127
    Der vorbereitende Teil 127
    Der Hauptteil 128
    Der abschließende Teil 128
Beispiele einer Trainingseinheitenplanung 129
Freudbetontes Ausklingen 135

Aufwärmen 136
Was bewirkt das Aufwärmen? 136
Wann soll aufwärmt werden? 136
Wie soll aufgewärmt werden? 136
Aufwärmprogramm Kreislauf und Oberkörper 137
Cool Stretching: Oberkörper, Schulter- und Handmuskulatur 138

Särken-/Schwächenanalyse 140
Selbstbewertung der Trainingsbereiche 140
Analyse der Turnierergebnisse 141
Feststellung des Leistungszuwachses 142

Anhang

Formular Wochenpläne 144
Formular Trainingseinheitenplan 145
Formular Selbstbewertung 146
Formular Feststellung Leistungszuwachs 147
Literatur 148

Vorwort

Traditionelles Bogenschießen ist eine faszinierende Sache. Und so ist es auch nicht verwunderlich, dass diese Bogensportdisziplin immer mehr Anhänger findet. Hatten es Schützen vor zehn oder 15 Jahren noch sehr schwer, sich auf das Know-how von Experten zu stützen, kann der heutige Schütze auf ein reichhaltiges Angebot an Literatur oder Bogenkursen zurückgreifen.

Das vorliegende Buch betrachtet aus der Fülle der Themen im traditionellen Bogensport nur einen Bereich: Das Schießen selbst. Es richtet sich an alle Schützen, vom Neuling und blutigen Anfänger über Fortgeschrittene bis hin zu den Experten und Spitzenschützen, von denen es in der Zwischenzeit eine große Anzahl gibt. Aber auch Trainer oder Schützen, die ihren Kollegen das Bogenschießen beibringen möchten, sind mit diesem Buch gut bedient.

Im Wesentlichen besteht der Inhalt aus drei Teilen. Im ersten Teil wird die Grundausbildung im traditionellen Bogensport dargestellt. Hier können Anfänger Schritt für Schritt in 25 Übungen das Schießen lernen. Trainer oder Übungsleiter haben hier eine Vorgehensweise zur Hand, die dem Schützling gezielt und ohne Irrwege die richtige Technik vermittelt.

Der zweite Teil richtet sich an Schützen, die die Grundausbildung durchlaufen oder bereits Erfahrung im traditionellen Bogenschießen haben. Sie können ihre Technik mit unzähligen Übungen verfeinern, Fehler erkennen und ausbessern.

Ein dritter, großer Teil ist den Experten gewidmet, die das traditionelle Bogenschießen als Leistungssport betrachten. Nur mit einem gezielten Training kann man heutzutage in dieser Bogensportdisziplin mithalten.

Dietmar Vorderegger
Salzburg 2002

Karin Vorderegger

Kapitel 1

Grundausbildung im traditionellen Bogenschießen

Rechts- oder Linksschütze

Ob man beim Bogenschießen Rechts- oder Linksschütze ist, hängt sehr stark von den Augen ab. Jeder Mensch hat ein Auge, das dominierend ist. Normalerweise ist es beim Rechtshänder das rechte, beim Linkshänder das linke Auge.

Ein Anfänger im Bogensport sollte zuerst feststellen, ob er ein rechts- oder linksdominantes Auge hat. Ein Rechtsschütze hat ein rechtsdominantes Auge, hält den Bogen in der linken und zieht ihn mit der rechten Hand. Bei einem Linksschützen ist es umgekehrt.

Hin und wieder kommt es vor, dass dies nicht so ist, dass also ein Rechtshänder ein linksdominantes Auge hat oder umgekehrt. Diese Kreuzdominanz wirkt sich negativ auf den Zielvorgang aus, da Blickrichtung und Pfeilrichtung voneinander abweichen. Anfänger sollten sich deshalb nach dem dominanten Auge richten und nicht danach, ob sie Links- oder Rechtshänder sind. Hat man noch nie mit dem Bogen geschossen, ist es eigentlich egal, in welcher Hand man den Bogen hält und mit welcher man zieht.

Übung 1: Feststellen des dominanten Auges		
Dauer	Im Handumdrehen	
Beschreibung	Bei rechtsdominantem Auge: Man bildet mit den Händen ein Dreieck und streckt die Arme aus.	
	Bild 1: Beide Augen sind offen. Man zentriert einen Punkt in ca. 5 m Entfernung.	1
	Bild 2: Das rechte Auge ist offen, der Punkt sollte in der Mitte bleiben.	2
	Bild 3: Das linke Auge ist offen. Der Punkt sollte außerhalb des Dreiecks sein.	3

Hilfsmittel für die Grundausbildung: Der Rohrbogen

Ein einfaches, aber effizientes Gerät, seine Form zu trainieren, ist der Rohrbogen mit null Pfund Zuggewicht. Der „Bogen" ist relativ leicht herzustellen. Man benötigt dazu ein PVC-Isolierrohr aus dem Baumarkt. Der Durchmesser kann je nach Griffstärke des eigenen Bogens individuell gewählt werden. Bastler können sich auch einen richtigen Bogengriff montieren.

Weiters benötigt man eine normale Schnur als Sehne und rund 40 cm Gummiband, mit dem die „Sehne" am oberen und unteren Ende verlängert wird. Durch dieses Gummiband wird verhindert, dass das Rohr zu stark gebogen wird und dadurch knickt.

Fertig ist der Trainingsbogen, der einerseits billig und andererseits sehr leicht zu transportieren und zu verstauen ist.

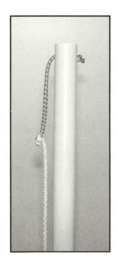

Der Rohrbogen: Einfach zu bauen. PVC-Rohr, Schnur und Gummiband.

Step 1:
Der Stand

Der Stand ist der Beginn des ganzen Schießprozesses. Da jeder Schuss als Prozess verstanden wird, ist der richtige Stand sehr wichtig. Er beeinflusst sowohl den körperlichen als auch den mentalen Bereich. Steht man sicher, wird man auch wesentlich besser schießen. Zuerst sollte der Stand das Gefühl der Balance geben und möglichst viel Bewegungsfreiheit erlauben. Zum Zweiten sollte der Stand helfen, den körperlichen und den mentalen Prozess besser zu beeinflussen. Deshalb muss der Stand aktiv und nicht passiv sein. Dabei erreicht man eine wesentlich größere Konzentration für den gesamten Bewegungsablauf und damit für einen guten Schuss. Ein aktiver Stand hilft einen Zustand zu erreichen, der als Centering bezeichnet wird. Darunter versteht man das Finden der inneren (psychologischen) und äußeren (physiologischen) Balance.

Paralleler Stand

Der einfachste und beste Stand ist immer noch der parallele. Ein anderer Stand bewirkt, dass man zu weit oder unter Umständen zu kurz zieht. Die Folge sind zu hohe oder zu niedrige Schüsse.

Offener Stand

Eine Alternative zum parallelen Stand ist der offene Stand. Dabei werden Füße und Schulter in einem Winkel von bis zu 30° zur Scheibe gedreht. Leider ist es im Gelände oft sehr schwierig, diesen Stand einzunehmen.

Die Beinstellung

Die Beine sind ungefähr schulterbreit geöffnet und bei ebenen Schüssen gleichmäßig belastet. Bei nahen Schüssen verlegt man das Gewicht auf das vordere Bein.

Paralleler Stand: Füße und Schulter sind parallel zur Schussrichtung.

Offener Stand: Ist weniger zu empfehlen.

Die Beinstellung ist ungefähr schulterbreit.

Übung 2: Stand und Beinstellung

Dauer	Mehrere Wiederholungen.
Übungsgeräte	Ohne Bogen und Hilfsmittel.
Beschreibung	Man sucht sich einen beliebigen Punkt im Gelände, der das Ziel darstellen soll.

Dann versucht man, einen parallelen Stand einzunehmen. Ein Trainer oder Partner kann daraufhin überprüfen, ob man tatsächlich parallel steht. Selbst überprüft man den Stand, indem man einen Pfeil an beide Fußspitzen anlegt und dann kontrolliert, ob der Pfeil tatsächlich zum Ziel zeigt.

Die Beinstellung, also ob man in Schulterbreite steht, ist relativ leicht zu überprüfen. Diese Übung wird mehrere Male wiederholt, wobei der Standplatz immer gewechselt werden soll.

Paralleler Stand: Die Verbindung der Fußspitzen zeigt genau zum Ziel.

Step 2:
Körperhaltung

Man geht leicht in die Knie und neigt den Oberkörper leicht nach vorne. Damit erreicht man unter anderem, dass die Sehne beim Abschuss nicht am Unterarm der Bogenhand anschlägt. Eine aufrechte Körperhaltung ist nicht zu empfehlen.

Der Kopf wird ebenfalls zur Seite geneigt. Die Augenachse soll mit der Sehne einen rechten Winkel bilden. Rumpf und Schulter bilden ein „T".

Körperhaltung von vorne.   Körperhaltung von der Seite.

Kopfhaltung von vorne: Augenachse und Bogen bilden einen rechten Winkel.

Falsche Kopfhaltung: Der Kopf ist zu stark geneigt.

Falsche Kopfhaltung: Kopf und Körper sind zu wenig geneigt.

	Übung 3: Körperhaltung
Dauer	Mehrere Wiederholungen.
Übungsanordnung	Ohne Bogen und Hilfsmittel.
Beschreibung	Man nimmt die richtige Körperhaltung ein und verharrt fünf bis sieben Sekunden so. Diese Übung wird mehrere Male wiederholt, wobei der Standplatz immer gewechselt werden soll. Der Trainer oder Partner überprüft jedes Mal die Stellung von Knie, Oberkörper und Kopf.

Körperhaltung

Step 3:
Bogenarm- und Zugarmstellung

Bogenarm

Der Bogenarm wird gestreckt und der Ellbogen verriegelt. Damit erreicht man, dass die Knochen des Bogenarmes diesen stabilisieren. Damit ist zumindest von dieser Seite her der Auszug immer gleich. Ein abgewinkelter Arm ist nicht zu empfehlen, da der Winkel nie gleich gehalten werden kann. Verschiedenste Einflüsse, wie Müdigkeit, Tagesverfassung aber auch die Ernährung am jeweiligen Tag können das verhindern. Schießt man mit gestrecktem Arm, kann es beim Schuss vorkommen, dass die Sehne am Ellbogen oder Unterarm anschlägt. Durch Drehen des Ellbogens (Innenrotation) kann man das beseitigen.

Gestreckter Bogenarm.

Abgewinkelter Bogenarm: Der Winkel kann nie gleich gehalten werden.

Innenrotation des Ellbogens.

Den Bogen kann man mit gestrecktem oder gebeugtem Handrücken schießen. Ein gebeugter Handrücken hat zwar den Nachteil, dass der Winkel zwischen Pfeil und Hand größer ist, die Stabilisierung über die Knochen des Armes ist aber wesentlich besser. Der Druckpunkt in der Bogenhand ist genau in der Verlängerung der Unterarmknochen.

Gebeugter Handrücken.

Gebeugter Handrücken: Der Winkel zwischen Hand und Sehlinie ist relativ groß.

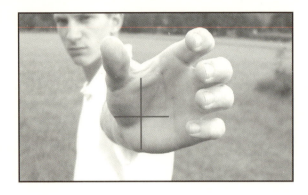

Gebeugter Handrücken: Der Druckpunkt liegt dabei in Verlängerung der Unterarmknochen.

Die Finger der Bogenhand fassen den Bogen nicht fest. Die Finger werden nur leicht auf den Griff gelegt. Damit verhindert man, dass der Bogen verdreht wird.

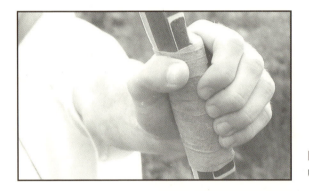

Die Finger der Bogenhand umfassen den Griff locker.

Falscher Griff der Bogenhand.

Zughand

Traditionell wird der mediterrane Griff verwendet. Das heißt, dass sich ein Finger über und zwei Finger unter dem Pfeil befinden.

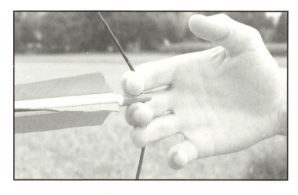

Mediterraner Griff: Ein Finger über und zwei Finger unter dem Pfeil.

Im Wesentlichen gibt es zwei Varianten, wie die Sehne gezogen werden kann. Zum einen gibt es den tiefen Griff, bei dem die Finger die Sehne ganz umgreifen. Zum anderen den Griff, bei dem die Finger ein L bilden. Die Sehne liegt dabei hinter dem ersten Fingerglied.

Tiefer Griff.

Obwohl der tiefe Griff für einige Bogensportdiziplinen besser geeignet ist, bietet sich für das traditionelle Bogenschießen die L-Position an. Beim Lösen muss sich die Hand dabei nicht vom Gesicht wegbewegen, um die Sehne loszulassen.

L-Griff.

Übung 4: Innenrotation der Bogenhand	
Dauer	Mehrere Wiederholungen.
Übungsgeräte	Ohne Bogen und Hilfsmittel.
Beschreibung	Man sucht sich eine Kante einer Wand oder einen dünnen Baum. Versuchen Sie bei gestrecktem Arm, den Ellbogen nach innen bzw. nach außen zu drehen. Die Stellung soll so sein, dass die Sehne später leicht am Ellbogen vorbeigleiten kann.

Step 4:
Der Auszug

Der Vollauszug beginnt mit der Vorspannung. Dabei wird die Sehne bis zu einem Drittel gezogen. Bei diesem Element kommt es darauf an, Körperhaltung, Bogen- und Zugarm zu harmonisieren. Nachdem man in dieser Position einige Sekunden verweilt hat, beginnt der Vollauszug bis zum Anker. Dieses Element wird ohne zu stoppen ausgeführt.

Die Schulterposition im Vollauszug sollte etwas erhöht sein. Der Zugarm ist damit ebenfalls etwas höher als der Bogenarm. Beide verlaufen parallel.

Vorspannung.

Vollauszug.

Schulter, Bogen- und Zugarmposition im Vollauszug.

	Übung 5: Auszug nur mit Pfeil
Dauer	Mehrere Wiederholungen.
Übungsgerät	Pfeil.
Beschreibung	Nehmen Sie einen parallelen Stand zu einem beliebigen Zielpunkt ein. Nehmen Sie einen Pfeil mit der Zughand im mediterranen Griff und heben Sie den Bogenarm und die Zughand in die Schussposition. Gehen Sie in die Vorspannung und dann in den Vollauszug. Bleiben Sie rund drei bis fünf Sekunden in dieser Position und setzen Sie wieder ab.

Auszug nur mit Pfeil.

Übung 6: Auszug mit dem Rohrbogen

Dauer	Mehrere Wiederholungen.
Übungsgerät	Rohrbogen.
Beschreibung	Nehmen Sie einen parallelen Stand zu einem beliebigen Zielpunkt ein.
	Nehmen Sie den Rohrbogen ohne Pfeil und gehen Sie zuerst in die Vorspannung und dann in den Vollauszug.
	Bleiben Sie rund drei bis fünf Sekunden in dieser Position und entspannen Sie den Bogen wieder.

Auszug mit dem Rohrbogen.

Übung 7: Auszug mit dem Bogen

Dauer	Mehrere Wiederholungen.
Übungsgerät	Bogen und Pfeil.
Beschreibung	Nehmen Sie einen parallelen Stand zu einem beliebigen Zielpunkt ein.
	Nehmen Sie den Bogen und nocken Sie einen Pfeil ein. Achten Sie dabei auf die richtige Griffhaltung der Bogenhand.
	Mit der Zughand im mediterranen Griff gehen Sie zuerst in die Vorspannung und dann in den Vollauszug.
	Bleiben Sie rund drei bis fünf Sekunden in dieser Position und entspannen Sie den Bogen wieder.

Auszug mit Pfeil und Bogen.

Step 5: Schräghalten des Bogens

Das Schräghalten des Bogens und des Kopfes ist ein wesentliches Merkmal des traditionellen Bogenschießens. Bogen und Augenachse bilden dabei immer einen rechten Winkel. Bei einem Rechtshänder wird der obere Wurfarm rund 30 Grad nach rechts gelegt. Man erreicht damit, dass zum einen der Winkel zwischen Auge und Pfeil kleiner wird, zum anderen ist der Blick auf das Ziel frei.

Der Bogen wird ungefähr in einem Winkel von 30° schräg gehalten.

Übung 8: Schräghalten mit dem Rohrbogen	
Dauer	Mehrere Wiederholungen.
Übungsgerät	Rohrbogen.
Beschreibung	Kleben Sie auf die Einschussscheibe ein Klebeband in einem Winkel von 30°.
	Nehmen Sie den Rohrbogen und gehen Sie in die richtige Schussposition.
	Ein Trainer oder Kollege überprüft die richtige Neigung des Bogens.
	Übung mit dem Rohrbogen: Bogen und Klebeband sollen sich decken.

Übung 9: Schräghalten des Bogens

Dauer	Mehrere Wiederholungen.
Übungsgerät	Bogen.
Beschreibung	Diese Übung wird gleich wie Übung 8 durchgeführt.
	Nehmen Sie den Bogen und gehen Sie in die richtige Schussposition. Versuchen Sie die Neigung des Bogens in einem Winkel von 30° zu halten.
	Ein Trainer oder Kollege überprüft die richtige Neigung des Bogens bzw. Sie überprüfen sich selbst.

Übung 10: Schräghalten des Bogen

Dauer	Mehrere Wiederholungen.
Übungsgerät	Bogen.
Beschreibung	Kleben Sie auf die Einschussscheibe ein Klebeband in einem Winkel von 30°.
	Nehmen Sie den Bogen, schließen Sie die Augen und gehen Sie in die richtige Schussposition. Versuchen Sie, die richtige Neigung des Bogens einzunehmen.
	Öffnen Sie die Augen und überprüfen Sie, ob die Neigung des Bogens mit der des Klebebandes übereinstimmt.

Step 6:
Anker und Referenzpunkte

Ein wesentlicher Aspekt ist ein immer konstant gleicher Auszug. Üblicherweise ankern traditionelle Schützen mit dem Zeigefinger oder Mittelfinger im Mundwinkel. Da die Gesichtsmuskulatur rund um den Mund sehr beweglich ist, kann es schon vorkommen, dass man zwar das Gefühl hat am Ankerpunkt zu sein, in Wirklichkeit aber einen oder zwei Zentimeter weniger gezogen hat. Die Folge sind zu kurz geratene Schüsse. Konzentriert man sich stark auf den Auszug, kann es vorkommen, dass man zu weit zieht und der Pfeil über das Ziel hinaus schießt.

Den Punkt, wo der Finger den Mundwinkel berührt, nennt man Referenzpunkt. Je mehr solcher Punkte man hat, desto besser ist es. FITA-Schützen nehmen dazu Mundmarken oder legen die Sehne auf die Nase. Da das aber beim traditionellen Bogen nicht funktioniert, muss man sich etwas anderes einfallen lassen.

Dabei bietet sich der Kieferbogen an (Seite 35 Bild oben). Der Kieferbogen hat den Vorteil, hart zu sein. Der Daumen der Zughand liegt normalerweise in einem ähnlichen Winkel nach unten wie der Kieferbogen (Seite 35 Bild Mitte). Legt man nun den Daumen unter den Kieferbogen, hat man einen zweiten Referenzpunkt, der noch dazu weniger Spielraum lässt als der erste. Der Auszug wird dadurch gleichmäßig lang und die Schüsse haben die gleiche Höhe (Seite 35 Bild unten).

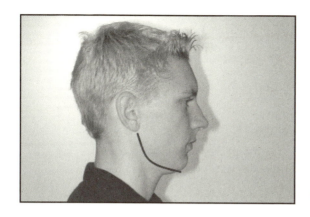

Der Kieferbogen.

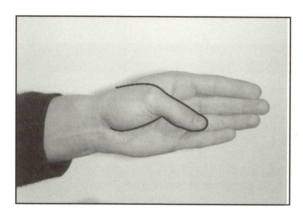

Der Daumen wird in die Hand gelegt.

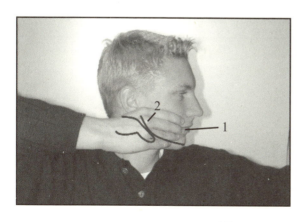

Der Daumen wird unter den Kieferbogen gelegt, der Mittelfinger liegt am Mundwinkel. Damit hat man zwei Referenzpunkte (1 und 2).

Übung 11: Ankern mit dem Rohrbogen	
Dauer	Mehrere Wiederholungen.
Übungsgerät	Rohrbogen.
Beschreibung	Nehmen Sie den Rohrbogen und gehen Sie in Schussposition.
	Ankern Sie, indem Sie den Daumen unter den Kieferbogen legen. Bleiben Sie rund drei bis vier Sekunden in dieser Position.
	Entspannen Sie den Rohrbogen.

Übung 12: Ankern mit dem Bogen	
Dauer	Bis Sie die Technik beherrschen.
Übungsgeräte	Pfeil und Bogen.
Beschreibung	Nehmen Sie den Bogen und gehen Sie in Schussposition.
	Ankern Sie, indem Sie den Daumen unter den Kieferbogen legen. Bleiben Sie rund drei bis vier Sekunden so. Versuchen Sie, die optimale Position Ihrer Zughand unter dem Kieferbogen zu finden.
	Entspannen Sie den Bogen.

Step 7:
Lösen (Release)

Das Lösen des Pfeils ist eigentlich keine aktive, sondern eine passive Handlung. Man hört auf, etwas zu tun, nämlich die Finger gekrümmt zu halten. Dazu braucht man nur die Finger entspannen. Die Zughand bewegt sich dann genau in entgegengesetzter Richtung des Pfeilfluges. Wie weit sich die Hand nach hinten bewegt, ist eine individuelle Sache. Am einfachsten ist es, man lässt die Hand im Gesicht stehen. Dabei bewegt sie sich nur einige Millimeter nach hinten. Wichtig ist nur, dass das Lösen immer in gleicher Weise geschieht.

Release: Die Hand bleibt im Gesicht.

	Übung 13: Release
Dauer	Mehrere Wiederholungen.
Übungsgerät	Rohrbogen.
Beschreibung	Nehmen Sie den Rohrbogen und gehen Sie in Schussposition. Führen Sie den kompletten Schuss aus. Achten Sie dabei, dass Ihre Zughand nach dem Schuss im Gesicht bleibt.

	Übung 14: Release
Dauer	Bis Sie die Technik beherrschen.
Übungsanordnung	Mit Pfeil und Bogen, fünf Meter Abstand zur Scheibe. Schießen Sie immer nur drei Pfeile.
Beschreibung	Nehmen Sie einen Pfeil und den Bogen und gehen Sie in Schussposition. Führen Sie den kompletten Schuss aus. Achten Sie dabei, dass Ihre Hand nach dem Schuss im Gesicht bleibt.

Step 8: Nachhalten

Mit dem Abschuss des Pfeils ist der Schussprozess noch nicht abgeschlossen. Unter Nachhalten versteht man, dass man so lange in der Abschussposition bleibt, bis zumindest der Pfeil das Ziel erreicht hat. Das ist deshalb so wichtig, weil man zum einen dabei den Bogen nicht schon vor oder während des Lösens absetzt. Zum anderen muss beim instinktiven Schießen der Pfeilflug beobachtet werden, damit sich die Flugbahnen für die einzelnen Entfernungen in das Unterbewusstsein einprägen.

Nachhalten: Man bleibt so lange in der Abschuss-Position, bis der Pfeil das Ziel erreicht hat.

Übung 15: Nachhalten	
Dauer	Mehrere Wiederholungen.
Übungsanordnung	Kompletter Schuss mit Pfeil und Bogen, fünf Meter Abstand zur Scheibe. Schießen Sie immer nur drei Pfeile.
Beschreibung	Nehmen Sie einen Pfeil und den Bogen und gehen Sie in Schussposition. Führen Sie den kompletten Schuss aus. Achten Sie dabei, dass Ihre Hand im Gesicht bleibt, und zählen Sie in dieser Position bis drei. Setzen Sie erst dann den Bogen ab.

Step 9:
Der komplette Schuss

Sie haben nun alle Elemente des Schusses gelernt. Nun geht es darum, diese Elemente in ihrer Abfolge zu perfektionieren. Der Schuss sollte immer im gleichen Rhythmus ablaufen, und es dürfen keine Elemente vergessen werden. Das erfordert eine gewisse Ausdauer.

	Übung 16: Release
Dauer	Bis Sie die Technik beherrschen.
Übungsgerät	Rohrbogen.
Beschreibung	Führen Sie den kompletten Schuss aus. Jeder Schuss wird mit dem Spruch begleitet: **Stand - Hand - Anker - Los.** Dabei sollen Sie bei jedem Wort an die jeweiligen Elemente des Schusses denken und sie richtig ausführen. | Spruch	Element	Step
---	---	---
Stand	Stand, Körperhaltung	1, 2
Hand	Bogenarm, Zugarm, Schräghalten	3, 4
Anker	Anker	5
Los	Release, Nachhalten	6, 7	

	Übung 17: Release
Dauer	Zu jeder Zeit und beliebig lange.
Übungsanordnung	Ohne Hilfsmittel an jedem beliebigen Ort.
Beschreibung	Sagen Sie den Spruch „**Stand - Hand - Anker - Los**" und versuchen Sie bei jedem Wort an die jeweiligen Elemente des Schusses zu denken.

Übung 18: Release

Dauer	Bis Sie die Technik beherrschen.
Übungsanordnung	Mit Pfeil und Bogen, drei bis fünf Meter Abstand zur Scheibe. Schießen Sie immer nur drei Pfeile.
Beschreibung	Führen Sie den kompletten Schuss aus. Jeder Schuss wird mit dem Spruch begleitet: **Stand - Hand - Anker - Los.** Dabei sollen Sie bei jedem Wort an die jeweiligen Elemente des Schusses denken und sie richtig ausführen.

Spruch	Element	Step
Stand	Stand, Körperhaltung	1, 2
Hand	Bogenarm, Zugarm, Schräghalten	3, 4
Anker	Anker	5
Los	Release, Nachhalten	6, 7

Holen Sie Ihre Pfeile und wiederholen Sie die Übung. Der Ablauf sollte mit der Zeit in Fleisch und Blut übergehen.

Bisher haben Sie mit dem Arm in haltender Position (vgl. nächste Seite) geschossen. Es gibt aber mehrere Möglichkeiten, den Bogen zu ziehen. Drei Varianten sind sicherlich die interessantesten. Alle drei werden von traditionellen Schützen verwendet. Welche Art man benutzt, hängt letztendlich von der Umgebung und der Situation ab, in der man sich gerade befindet.

Wählen Sie eine Variante als Ihren Schießstil aus. Beim Üben und Trainieren verwenden Sie in Zukunft hauptsächlich dann diesen Stil. Für schwierige Schüsse im Gelände kann es aber sein, dass Sie auf einen anderen ausweichen müssen. Deshalb ist es notwendig, auch den „Zweitstil" zu trainieren.

Der Autor dieses Buches schießt normalerweise die Methode mit gestrecktem Arm (Swing-Draw-Methode). Bei Schüssen, wo man den Bogen nicht bewegen kann, weicht er auf die Methode mit Arm in haltender Position aus.

Methode mit Arm in haltender Position

Bei dieser Art des Schießens zeigt man mit bereits ausgestrecktem Arm ins Ziel. Die Erfahrung zeigt aber, dass viele Schützen, diese Methode verwenden, um mit dem Pfeil zu zielen. Hat man nämlich den Pfeil während des gesamten

Auszugsprozesses vor seinen Augen, so ist es sehr häufig auch unmöglich, ihn außer Acht zu lassen. Unbewusst springt der Blick vom Ziel zum Pfeil und zurück und wird so zum Zielen verwendet. Im Gelände kann es öfter zu Situationen kommen, wo ein Ziehen von unten nicht möglich ist. In diesen Fällen ist es dann sehr hilfreich, auf diese Methode zurückgreifen zu können.

Die Druck-Zug-Methode (Push-Pull-Methode)

Bei dieser Methode ist die Bogenhand zuerst abgewinkelt vor dem Körper und die Zughand ist an der Sehne. Nun bewegt man die Bogenhand langsam nach

vorn und zieht mit der anderen Hand nach hinten. Hat man den Ankerpunkt im Gesicht erreicht und ist der Bogenarm gestreckt, ist der Vorgang abgeschlossen und der Pfeil kann losgelassen werden.

Methode mit gestrecktem Arm (Swing-Draw-Methode)

Die Hand hängt bei dieser Methode zuerst gestreckt nach unten und die Zughand ist an der Sehne. Beginnt man zu ziehen, bewegt sich die im Ellbogen steife

Bogenhand nach oben. Gleichzeitig zieht die andere Hand zurück. Hat die Zughand den Ankerpunkt im Gesicht erreicht, kann der Pfeil losgelassen werden.

Step 10:
Wie zielt man?

Das Zielen beginnt nicht erst in dem Moment, wo der Schütze im Vollauszug ist, sondern ist ein Prozess, der sich vom Einnehmen des Standes bis zum Lösen erstreckt. Es gibt mehrere Methoden, den Pfeil ins Ziel zu bringen. Im Folgenden werden zwei vorgestellt.

Da das instinktive Zielen nicht sofort erlernt werden kann, wird zuerst mit der Zielpunkt-Methode geschossen, erst in der Folge wird auf die instinktive Zielmethode umgestellt.

Zielpunkt-Methode (Point of Aim)

Diese Methode ist sicher die am einfachsten zu erlernende. Dabei wird in Abhängigkeit von der Entfernung ein Punkt im, unter oder über dem eigentlichen Ziel ausgewählt. Beim Zielvorgang selbst wird dann mit der Pfeilspitze genau auf diesen Punkt gezielt, das eigentliche Ziel tritt in den Hintergrund. Anfänger versuchen fast immer, so über die Pfeilspitze zu zielen.

Schwierigkeiten ergeben sich nur bei der Schätzung der Entfernung. Zum einen muss die Entfernung richtig geschätzt werden und zum anderen braucht man für jede Entfernung genau jenen Wert, den man drüber oder drunter zielen muss.

Steht das Ziel näher, muss die Pfeilspitze darunter gehalten werden.

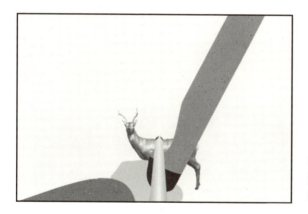

Steht das Ziel weiter entfernt, muss die Pfeilspitze darüber gehalten werden.

Steht das Ziel in der richtigen Entfernung, muss die Pfeilspitze genau ins Ziel gehalten werden.

Übung 19: Zielpunkt-Methode mit Zeigefinger	
Dauer	Mehrere Wiederholungen.
Übungsgeräte	Ohne Bogen und Hilfsmittel.
Beschreibung	Wählen Sie ein Ziel in rund zehn Metern Entfernung aus. Zeigen Sie mit dem Zeigefinger etwa in Schulterhöhe auf das Ziel. Versuchen Sie den Finger so zu halten, dass die Verlängerung genau ins Ziel zeigt.

Wichtig ist, dass die Fingerspitze immer unter dem Ziel ist.

Nun überprüfen Sie, indem Sie am Finger entlang schauen, ob Sie tatsächlich mit dem Finger das Ziel getroffen haben. |

Übung 20: Zielpunkt-Methode mit Pfeil

Dauer	Mehrere Wiederholungen.
Übungsgerät	Pfeil.
Beschreibung	Wählen Sie ein Ziel in rund zehn Metern Entfernung aus. Setzen Sie den Pfeil an den Mundwinkel und halten Sie ihn so, dass die Verlängerung des Pfeils genau ins Ziel zeigt. Wichtig ist, dass die Pfeilspitze immer unter dem Ziel ist. Nun überprüfen Sie, ob der Pfeil tatsächlich ins Ziel zeigt.

	Übung 21: Zielpunkt-Methode
Dauer	Mehrere Wiederholungen.
Übungsanordnung	Mit Pfeil und Bogen, Entfernung zehn Meter.
Beschreibung	Wählen Sie ein Ziel in rund zehn Metern Entfernung aus. Gehen Sie in Schussposition und führen Sie den Schuss bis zum Anker aus. Halten Sie dabei den Pfeil so, dass seine Verlängerung genau ins Ziel zeigt. Wichtig ist, dass die Pfeilspitze immer unter dem Ziel ist. Nun lassen Sie von einem Kollegen überprüfen, ob der Pfeil tatsächlich ins Ziel zeigt. Setzen Sie den Bogen wieder ab.

	Übung 22: Zielpunkt-Methode
Dauer	Bis Sie das Ziel einigermaßen treffen.
Übungsanordnung	Kompletter Schuss mit Pfeil unf Bogen, Entfernung zehn Meter. Schießen Sie immer nur drei Pfeile.
Beschreibung	Wählen Sie ein Ziel in rund zehn Metern Entfernung aus. Gehen Sie in Schussposition und führen Sie den kompletten Schuss aus. Halten Sie dabei den Pfeil so, dass seine Verlängerung genau ins Ziel zeigt. Wichtig ist, dass die Pfeilspitze immer unter dem Ziel ist.

Instinktives Zielen

Der Begriff instinktives Zielen oder Schießen ist zuerst einmal irreführend. Genauer müsste man unbewusstes Zielen oder Schießen sagen.

Instinktives Zielen oder Schießen meint eigentlich nichts anderes, als sein Unterbewusstsein alle nötigen Handlungen ausführen zu lassen. Das Bewusstsein sollte dabei möglichst nicht im Spiel sein. Instinktives Schießen mit Pfeil und Bogen besteht darin, ohne Hilfsmittel genau dorthin zu schießen, wo man hinsieht. Man betrachtet einfach den Punkt, den man treffen möchte, zeigt mit der Bogenhand auf diese Stelle und schießt. Instinktives Schießen ist nichts anderes als eine Hand-Augen-Koordination. Das bedeutet, das Auge sieht und das Gehirn steuert die Hand, und zwar unbewusst, in die richtige Position. Instinktives Schießen kann allerdings nur erlernt werden, wenn man in ständiger Übung ist. Dabei wird das Gehirn so programmiert, dass das Ziel ohne größeres Nachdenken nur durch Anschauen getroffen wird.

Instinktives Zielen: Nur mehr der Punkt, der getroffen werden soll, ist im Blickpunkt. Im Idealfall tritt alles andere in den Hintergrund.

Übung 23: Instinktives Zielen

Dauer	Mehrere Wiederholungen.
Übungsgeräte	Ohne Bogen und Hilfsmittel.
Beschreibung	Fixieren Sie einen möglichst kleinen Punkt in rund zehn Meter Entfernung. Versuchen Sie, ihn zehn Sekunden nicht aus den Augen zu verlieren.

Übung 24: Instinktives Zielen mit dem Bogen

Dauer	Mehrere Wiederholungen.
Übungsanordnung	Mit Pfeil und Bogen, Entfernung fünf Meter
Beschreibung	Nehmen Sie die Schussposition ein. Fixieren Sie einen beliebigen Punkt auf der Scheibe und lassen Sie ihn nicht mehr aus den Augen.
	Führen Sie den Schuss bis zum Anker durch. Halten Sie den Bogen drei Sekunden im Anker, den Punkt immer fixierend, und setzen Sie dann den Bogen wieder ab.

Step 11:
Richtung und Entfernung

Erst mit der Zeit bekommt man ein Gefühl für die richtige Technik. Eine gute Technik oder Form ist die Grundvoraussetzung dafür, in Zukunft auch auf weitere Entfernungen zu treffen. Dazu geht man wieder schrittweise vor. Ziel ist es, sowohl senkrecht als auch waagrecht so wenig Abweichungen wie möglich zu haben.

Hat man alle Übungen durchgemacht, so ist schon ein Gefühl für die Technik vorhanden. Man hat damit die Grundausbildung fast abgeschlossen. Vor jedem Training kann man alle oder einige ausgewählte Übungen machen, um die Technik zu automatisieren und ins Unterbewusstsein überzuführen.

Die Richtung

Zur Verfeinerung der Technik empfiehlt es sich, vorerst überwiegend auf eine senkrechte Linie zu schießen. Dabei lernt man seinen persönlichen Stil zu finden. Erst wenn man diese Linie einigermaßen auf verschiedene Entfernungen trifft, sollte man zur näcsten Stufe übergehen.

Eine aufgeklebte Liene hilft, den persönlichen Stil zu finden und die Richtung zu lernen.

Die richtige Entfernung

Eine waagrechte Linie zu treffen, bedeutet, dass man die richtige Entfernung für den Schuss gefunden hat. Beim instinktiven Schießen wird die Hand je nach Entfernung automatisch in die richtige Position geführt. Das braucht allerdings Zeit und viel Übung.

Die richtige Entfernung: Trifft man auch eine horizontale Linie, hat man auch ein Gefühl für die richtige Entfernung entwickelt.

Übung 25: Richtung und Entfernung	
Dauer	Mehrere Wiederholungen vor dem Training.
Übungsanordnung	Mit Pfeil und Bogen, Entfernung 15, 20, 25 etc. Meter
Beschreibung	Kleben Sie sich eine senkrechte Linie auf einen Dämpfer und schießen Sie immer drei Pfeile. Im Anschluss kleben Sie eine waagrechte Linie dazu und schießen wieder auf verschiedene Entfernungen immer drei Pfeile.

Übung 26: Entfernung	
Dauer	Mindestens zehn Wiederholungen.
Übungsanordnung	Mit Pfeil und Bogen, auf dem Parcours. Schießen Sie immer nur drei Pfeile.
Beschreibung	Stellen Sie sich in einer Entfernung zu einer Scheibe auf, wo Sie sicher sind, dass Sie treffen.
	Schießen Sie einen Pfeil. Wenn Sie getroffen haben, gehen Sie drei Meter weiter zurück und schießen wieder einen Pfeil. Danach gehen Sie noch einmal drei Meter zurück und schießen wieder.
	Holen Sie Ihre Pfeile und wiederholen Sie diese Übung, allerdings von einem anderen Abschuss oder besser an einer anderen Scheibe.

Kapitel 2

Schießtraining für Fortgeschrittene

Der komplette Schussablauf

Der erste Schuss

Der komplette Schuss ist eine Abfolge von einzelnen Teilschritten bzw. Elementen. Diese Teilschritte laufen zum Teil hintereinander, zum Teil aber auch parallel ab.

Der Schuss im Gelände beginnt mit der Betrachtung der Geländegegebenheiten. Ist es ein naher oder ein weiter Schuss, schießt man bergauf oder bergab usw. (äußere weite Betrachtung).

Hat man nun ein Bild von der Gesamtsituation, entscheidet man sich, welchen Punkt (P) auf der Scheibe man nun anvisieren bzw. mit den Augen fixieren wird (äußere enge Betrachtung).

Als nächstes nimmt man den richtigen und idealen Stand (S) ein, greift den Bogen, sucht hier die richtige Druckpunktlage (G) und positioniert die Zughand (F) an der Sehne.

Als nächstes geht man in die Vorspannung, das heißt, dass die Sehne leicht gezogen, der Bogen allerdings noch nicht gehoben wird. Schießt man mit dem Arm in haltender Position, wird die Sehne einige Zentimeter nach hinten gezogen. Dabei konzentriert man sich voll auf den Punkt, den man treffen möchte, und lässt ihn nicht mehr aus den Augen.

Der Vollauszug ist eine sehr komplexe Sache. Hier laufen einige Dinge parallel ab. Der Bogenarm ist gestreckt, man hebt den Arm und man zieht bis zum Ankerpunkt (A).

Mit dem Release (R) ist der Schuss noch nicht abgeschlossen. Es ist unbedingt notwendig, den Pfeil im Flug zu beobachten, also nachzuhalten.

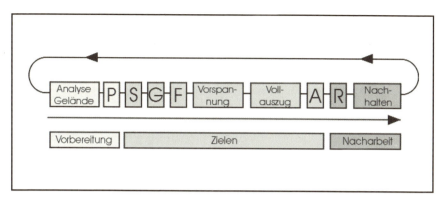

P = Pik a Spot   G = Griff   A = Anker
S = Stand einnehmen   F = Finger positionieren   R = Release

Der zweite und dritte Schuss

Hat man das Ziel verfehlt oder muss man auf Grund des Schießmodus ein zweites oder drittes Mal schießen, folgt im sofort eine Analyse des Schusses. War alles in Ordnung oder warum habe ich darüber oder darunter geschossen? Hat man den Grund gefunden, muss das natürlich beim nächsten Schuss berücksichtigt werden. Den Stand sollte man dabei tunlichst nicht ändern.

Für den zweiten und dritten Schuss braucht man natürlich den ersten Punkt (Analyse des Geländes) nicht mehr machen. Allerdings kann es durchaus notwendig sein, sich einen neuen Punkt zu suchen.

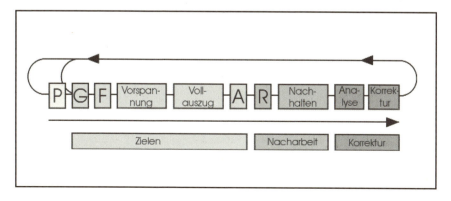

Die Idealtechnik

Es gibt in jeder Sportart zu einem bestimmten Zeitpunkt so etwas wie die ideale Technik. Dabei kann sich diese Idealtechnik im Laufe der Zeit durchaus verändern. Neue Materialtechniken, aber auch neue Erkenntnisse in der Bewegungstechnik bewirken das.

Wichtig ist, dass man, und das vor allem im Training, möglichst nahe an dieser Idealtechnik ist. Dabei wirken sich Abweichungen zu Beginn des Schussablaufes weniger aus. Je näher man aber zum Lösen des Pfeiles kommt, desto weniger sollte man von der Idealtechnik entfernt sein.

Und je schmäler der erlaubte Bereich ist, desto stärker wirken sich Fehler im Schussergebnis aus.

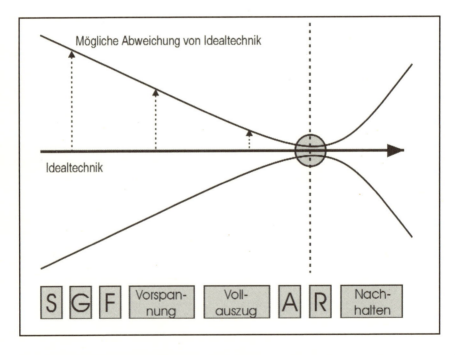

Abweichungen von der Idealtechnik: Je näher man zum Abschuss kommt, desto näher sollte man an der Idealtechnik sein. Je schmäler der erlaubte Bereich, desto stärker machen sich Fehler im Schussergebnis bemerkbar.

Die Atmung

Die Atmung kann außer ihrer normalen Funktion (Sauerstoffzuführung und Sauerstoffbereitstellung) für andere Funktionen bzw. Regelmechanismen herangezogen werden.

Zum einen ist es die Steuerung und Regelung des Gesamtablaufrhythmus und der Teilablaufzyklen.

Weiters dient sie der Psychoregulation für die Regelung bzw. Beeinflussung des Erregungszustandes im Wettkampf.

Eine weitere Funktion liegt im Mentaltraining in der Regelung durch Kontrolle, Steuerung und Entspannung beim mentalen Einüben von Gesamtabläufen, durch Einbetten der Bewegungselemente in einen natürlichen Rhythmus, den Atemzyklus. (vgl. Ulrich, Bachmann, 1996, 2 -74)

Hier soll nur auf die erste Funktion, nämlich die Steuerung und Regelung des gesamten Schussablaufes, eingegangen werden. Während des ersten Teils des Schusses atmet man ruhig und gleichmäßig. Sobald man den Vollauszug beginnt, atmet man tief ein und langsam aus. Ist man in der Ankerposition, hat man wieder komplett ausgeatmet. Nach dem Release wird wieder eingeatmet.

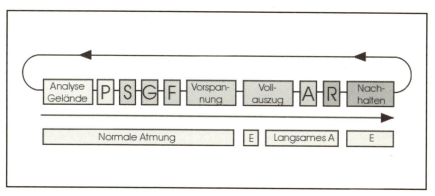

Die Atmung im gesamten Schussablauf.
E = Einatmen, A = Ausatmen

Übung 27	Atmung im Schussablauf.
Beschreibung	Mit Bogen, aber ohne ihn zu spannen.
	Gehen Sie in die richtige Schussposition. Sie machen die Bewegung der Zughand komplett, ohne die Sehne zu spannen.
	Gehen Sie in die Vorspannung. Atmen Sie ein und beginnen Sie mit dem Vollauszug. Dabei atmen Sie langsam aus, bis Sie Ihren Ankerpunkt erreicht haben. Dann lösen Sie „im Geiste" den Schuss und atmen wieder ein.

Vom bewussten zum unbewussten Bewegungsablauf

Die Schießtechnik muss nun vervollkommnet werden. Nicht nur das instinktive Zielen, sondern auch der gesamte Bewegungsablauf sollten unbewusst ablaufen. Mit Hilfe des Bewusstseins wird die optimale Variante des Bewegungsablaufes gesucht, das bisher gelernte Können muss automatisiert werden. Der Bewegungsablauf muss ständig wiederholt werden, und allmählich beginnen die Bewegungen automatisch abzulaufen.

Laufen die Bewegungen erst einmal automatisch ab, braucht sich das Bewusstsein nicht mehr um Details zu kümmern. Die Bewegungen werden fließend und locker und die Sicherheit, mit denen sie nun ablaufen, ist sehr groß.

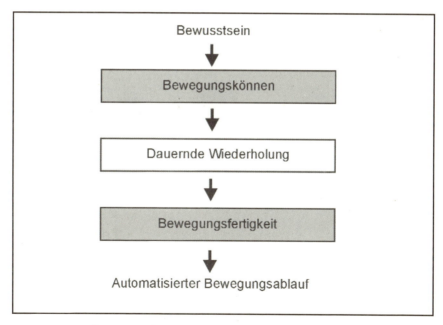

Vom bewussten Üben zum unbewussten Ablauf.

Gliederung des Schießtrainings

Nach Jay Kidwell kann sich Aufmerksamkeit beim Bogenschießen auf unterschiedliche Dinge richten (vgl. Kidwell, 1993, S. 49). Ausgehend von dieser Betrachtungsweise kann man die Trainingsformen unterteilen. Dazu kommt dann noch ein Bereich, das Spezialtraining.

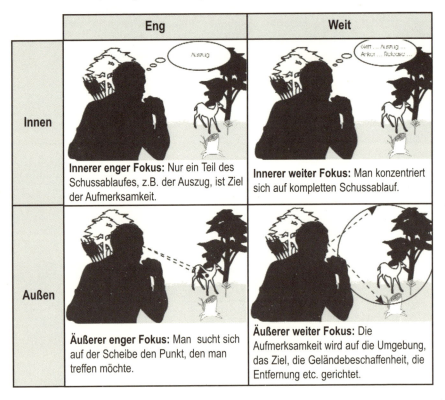

Trainingsbereiche

Ein professionelles Training soll Teile aus folgenden fünf Bereiche enthalten:

1. Elemententraining (innen/eng)
2. Bewegungsablauftraining (innen/weit)
3. Pik a Spot (außen/eng)
4. Beobachtungstraining (außen/weit)
5. Spezialtraining

	Eng	Weit
Innen	**Elemententraining** • Training von Teilabläufe • Schuss mit geschlossenen Augen • Trockenschuss	**Bewegungsablauftraining** • Bewegungsablauf auf 3 Meter • Bewegungsablauf auf Wettkampfdistanz • Trefferbildtraining • Nullpunkttraining • Bergauf- und Bergabschüsse • Entfernungstraining
Außen	**Pick a Spot** • Augenschule • Schießen unter Störfaktoren	**Beobachtungstraining** • Geländeanalysen • Entfernungsschätzen
	**Spezialtraining** • Leistungskontrolle ohne Bedingungen • Leistungskontrolle mit Wettkampfelementen • Leistungskontrolle mit Zusatzbedingungen	

Einteilung des Schießtrainings in fünf Bereiche.

Elemententraining

Darunter versteht man das Trainieren einzelner Elemente des Schussablaufes. Dabei geht es darum, unter einfachen Bedingungen diese Elemente zu trainieren. Hier sollte man kurze Entfernungen wählen (5 bis 10 Meter).

Training von Teilabläufen: Beispiel Auszug

Jeder kennt es, jeder weiß es: Wenn der Auszug nicht stimmt, kann man nicht treffen. Aber wie soll man den Auszug kontrollieren? Man hat nicht immer einen Freund, der einem sagt, ob der Auszug stimmt. Hier wird eine einfache aber wirksame Methode dargestellt, wie Sie den Auszug jederzeit selbst kontrollieren können.

Übung 28	Auszugskontrolle
Beschreibung	Der Pfeil wird beim tatsächlichen Auszug markiert und ein Ring aus Karton auf den Pfeil aufgesteckt. 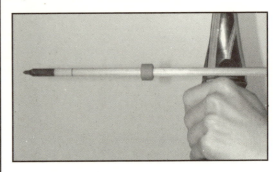 Zieht man nun den Pfeil, hat man immer sofort die Kontrolle über den richtigen Auszug. Diese Übung sollte auch mit geschlossenen Augen und auch im Gelände gemacht werden. Bei Bergauf- und Bergabschüssen wird sehr häufig zu kurz gezogen. Die Übung kann auch jederzeit im Haus und in der Wohnung durchgeführt werden. 

Schuss mit geschlossenen Augen

Bei dieser Übung wird der Vollauszug sowie das Release trainiert.

Übung 29	Schuss mit geschlossenen Augen
Beschreibung	Stellen Sie sich drei Meter vor die Scheibe.
	Gehen Sie alle Elemente des Schusses bis zur Vorspannung durch und schließen Sie nun die Augen. Der Vollauszug erfolgt blind. Wenn Sie die Augen geschlossen haben, werden Sie durch keine Einflüsse von außen gestört. Jetzt werden Bewegungen, die Sie mit offenen Augen nicht wahrnehmen würden, sehr deutlich. Beachten Sie dabei jedes Element des Schussablaufes genau.
	Diese Übung kann auch am Beginn einer Trainingseinheit zum Einschießen gemacht werden.

Der Trockenschuss

Dabei handelt es sich um eine Trainingsvariante, bei der der komplette Schuss bis zum Ankern durchgeführt wird. Diese Übung kann überall gemacht werden. Auch während eines Turniers, vor allem nach Pausen, ist es ein gutes Mittel, wieder in Schwung zu kommen. Wenn Sie bei einem Turnier vor den ersten Schüssen nervös sind, können Sie auch bereits am Abschusspflock noch einen Trockenschuss machen. Einige Schützen beginnen grundsätzlich so ihre Turniere.

Übung 30	Der Trockenschuss
Beschreibung	Nehmen Sie die richtige Position ein und wählen Sie ein Ziel.
	Nun gehen Sie den kompletten Schuss bis zum Anker durch. Ankern Sie für rund zwei Sekunden und brechen erst dann den Schuss ab. Beachten Sie dabei jedes Element des Schussablaufes genau.
	Wiederholen Sie diese Übung einige Male.

Bewegungsablauftraining

Bewegungsablauf auf kurze Entfernung

Schießt man auf sehr kurze Distanzen, richtet sich die Konzentration auf den Bewegungsablauf bzw. auf Teilabläufe. Wichtig ist dabei, dass alle Elemente des kompletten Schusses sauber und richtig trainiert werden. Das Treffen fällt komplett weg, was die Konzentration auf das, was ich trainieren möchte, wesentlich erleichtert. Jeder Schuss wird nach der Qualität des Ablaufes beurteilt.

Übung 31	Bewegungsablauf auf kurze Entfernung
Beschreibung	Die Übung wird an der Einschussanlage durchgeführt.
	Auf dem Dämpfer ist keine Scheibe oder sonstiges Ziel angebracht. Stellen Sie sich in einer Entfernung von rund drei bis fünf Meter vor die Scheibe.
	Nun schießen Sie und beobachten dabei, ob der Schuss sauber abgelaufen ist. Achten Sie dabei auf alle Elemente des Schusses.

Bewegungsablauf auf Wettkampf-Entfernung

Dieses Training stellt eine Steigerung des Schwierigkeitsgrades gegenüber dem Schuss auf drei Meter dar. Schwerpunkt ist die Automatisierung des gesamten Schussablaufes. Ziel ist es, durch die Perfektionierung des Bewegungsablaufes gute Gruppen zu schießen.

Übung 32	Bewegungsablauf auf Wettkampf-Entfernung
Beschreibung	Die Übung wird an der Einschussanlage durchgeführt. Stellen Sie sich in einer Entfernung zwischen 15 Metern und Ihrer Nullpunktentfernung auf. Als Ziel verwenden Sie irgendeinen Punkt, der auf dem Dämpfer (egal wo) zu finden ist. Nun schießen Sie immer drei Pfeile und beobachten dabei, ob der Schuss sauber abgelaufen ist. Achten Sie dabei auf alle Elemente, vom Einnehmen des Standes bis zum Nachhalten. Eine Rückmeldung, ob alle drei Schüsse in ihrem Ablauf gleich waren, sind gute Gruppen. Ein Trainer oder ein Partner ist dabei hilfreich.

Treffertraining

Dabei wird der komplette Schuss auf die zu erwartende Wettkampfentfernung trainiert. Ziel ist es, unter wettkampfmäßigen Bedingungen den ersten Pfeil ins Ziel zu bringen.

Übung 33	Treffertraining
Beschreibung	Die Übung wird am Parcours durchgeführt. Stellen Sie sich in einer Entfernung zwischen 15 Meter und Ihrer Nullpunktentfernung auf. Nun schießen Sie immer nur einen Pfeil und beobachten dabei, ob der Schuss sauber abgelaufen ist. Achten Sie dabei auf alle Elemente, vom Einnehmen des Standes bis zum Nachhalten. Achten Sie auch darauf, dass Sie Ihren Rhythmus finden. Eine Rückmeldung, ob der Schuss im Ablauf gut war, ist nicht immer ein Treffer. Sie müssen für sich selbst bewerten, ob die einzelnen Elemente sauber waren. Nach Abschuss eines Pfeils ändern Sie Ihren Standplatz um einige Meter nach vor, zurück oder zur Seite.

Nullpunkttraining

Ermittlung des Nullpunktes bei Instinktivschützen

Für Instinktivschützen ist das genaue Wissen um Meter nicht notwendig. Sie brauchen vielmehr nur wissen, ob sie innerhalb oder außerhalb ihres „persönlichen Schussbereichs" liegen. Als persönlichen Schussbereich bezeichnet man den Bereich bis zum Nullpunkt. Dieser Nullpunkt ist der Schnittpunkt von Sehlinie und Flugbahn des Pfeils. Er hängt vom Übungsaufwand des Schützen ab. Da die verschiedenen Flugbahnen im Unterbewusstsein durch intensives Training gespeichert werden, wird ein geübter Schütze seinen Nullpunkt weiter entfernt haben als ein ungeübter oder Anfänger. Mit einem Langbogen mit 60 Pfund und 11/32 Holzpfeilen liegt er bei einem geübten Schützen zwischen 40 und 45 Metern.

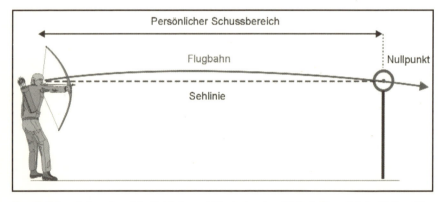

Persönlicher Schussbereich: Sehlinie und Flugbahn des Pfeils treffen sich im Nullpunkt.

Hat man nun seinen Nullpunkt gefunden, muss man eigentlich nur mehr wissen, ob das Ziel innerhalb der persönlichen Schussentfernung oder außerhalb liegt. Wenn das Ziel außerhalb des eigenen Schussbereiches liegt, wird man unter normalen Umständen nicht treffen. Die Schüsse werden immer zu kurz sein. Um das auszugleichen, muss man etwas höher zielen. Instinktive Schützen brauchen nur etwas höher zu schauen. Man sucht sich einen Punkt über dem eigentlichen Ziel (z.B. die Rückenlinie der Tierscheibe). Auch dazu gehört Erfahrung, um den jeweiligen Wert richtig einzuschätzen.

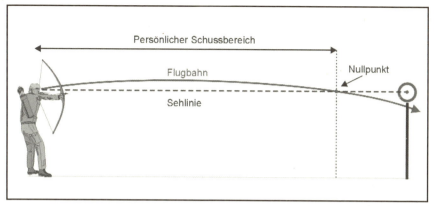

Bei weiten Entfernungen liegt der Nullpunkt vor dem eigentlichen Ziel. Man muss daher höher schauen.

Grobschätzung der Nullpunktentfernung

Wie kann ich nun die Entfernung im Gelände einschätzen? Normalerweise kann unser Unterbewusstsein auf Grund der Geländebeschaffenheit uns ein Gefühl für die Entfernung geben. Die relative Größe der Scheibe, z.B. 3-D-Tiere, die ich kenne, oder Bäume helfen uns dabei. Bei Entfernungen, die nicht eindeutig in meinem persönlichen Schussbereich liegen, muss ich eine Einschätzung der Entfernung machen.

Eine genaue Beschreibung, wie Entfernungen geschätzt werden können, finden Sie auf Seite 89.

Übung 34	**Ermittlung des Nullpunktes**
Beschreibung	Schießen Sie zuerst auf ein Ziel in 20 Meter Entfernung. Dabei ist ein exaktes und immer gleiches Release Voraussetzung. Um eventuelle Fehler zu korrigieren, sollte deshalb mehrmals geschossen werden.
	Stimmt die Höhe der Treffer bei der ersten Entfernung, verlängert man die Schussentfernung um drei Meter. Diesen Vorgang wiederholt man so lange, bis man eine Entfernung gefunden hat, ab der alle Treffer zu tief liegen.
	Um sicher zu gehen, sollte man den Nullpunkt auch im Gelände feststellen. Hier wird er unter Umständen etwas kürzer liegen.
	Auch sollte diese Übung von Zeit zu Zeit wiederholt werden, da sich der Nullpunkt mit zunehmendem Training nach hinten verschiebt.

Übung 35	**Training zum persönlichen Schussbereich**
Beschreibung	Die Übung wird im Gelände durchgeführt.
	Suchen Sie sich einen Punkt im Gelände. Überlegen Sie, ob das Ziel außerhalb oder innerhalb Ihres persönlichen Schussbereiches liegt.
	Messen Sie die Entfernung mit einem Entfernungsmesser nach oder schreiten Sie die Entfernung ab.

Bergabschüsse

Bei Bergabschüssen ist es wichtig, dass das „T", gebildet aus Oberkörper und Schulter, erhalten bleibt. Es gibt mehrere Möglichkeiten, das zu erreichen.

Eine Variante besteht darin, das vordere Bein abzuwinkeln und das hintere zu strecken. Dadurch kommt der Oberkörper in die richtige Position und das „T" bleibt erhalten. Schießt man direkt vom Hang, wird das hintere Bein weit nach oben gestreckt.

Bergabschuss: Das vordere Bein wird abgewinkelt und das hintere gestreckt.

Bergabschuss: Bei Schüssen direkt vom Hang wird das vordere Bein abgewinkelt und das hintere weit nach oben gestreckt.

Bergabschuss: Bei extrem steilen Schüssen direkt vom Hang, wird das vordere Bein gestreckt und mit dem hinteren kniet man am Hang.

Trefferlage bei Bergabschüssen

Die größte Flugbahnüberhöhung tritt zwischen 0° und -30° Abschusswinkel auf. Wird der Abschusswinkel größer, wird die Flugbahn immer flacher. Schießt man senkrecht nach oben, ist die Flugbahn eine Gerade.

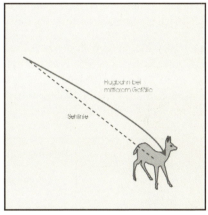

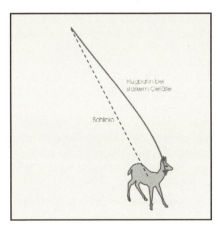

Oben links: Flugbahn in der Ebene.

Oben rechts: Flugbahn bei leichtem Gefälle. Die Flugbahn ist gestreckter. Man schießt unter normalen Umständen zu hoch.

Links: Flugbahn bei starkem Gefälle. Die Flugbahn ist sehr gestreckt. Man schießt unter normalen Umständen zu hoch.

Was bedeutet das nun? Innerhalb des persönlichen Schussbereiches liegen Bergabschüsse zu hoch. Ab welcher Winkelgröße dieser Effekt eintritt, ist eine individuelle Sache des Schützen.

Instinktivschützen können das durch intensives Training ausgleichen. Da aber nicht jeder die passenden Übungsmöglichkeiten hat, bleibt nur, etwas tiefer zu schauen. So muss man z.B. bei einem relativ steilen Bergabschuss (die richtige Haltung vorausgesetzt) bei 25 Meter auf die Unterkante der Tierscheibe schauen. Je steiler der Schuss, desto tiefer muss man zielen.

Liegt das Ziel außerhalb des persönlichen Schussbereiches, muss das wiederum mit einkalkuliert werden. Liegt mein Nullpunkt beispielsweise bei 40 Meter und ich muss auf rund 50 Meter im Winkel von 45° nach unten schießen, wird unter Umständen der Punkt, den ich anvisiere genau im Zentrum liegen.

Übung 36	Training von Bergabschüssen
Beschreibung	Die Übung wird im Gelände durchgeführt.
	Suchen Sie sich eine Scheibe, die bergab zu schießen ist. Stellen Sie sich in einer Entfernung von rund zehn Meter auf. Schießen Sie zwei Pfeile. Beim zweiten Pfeil verändern Sie nichts am Schuss. Er dient lediglich der Kontrolle.
	Nun korrigieren Sie den Spot, den Sie anvisiert haben, und schießen wieder zwei Pfeile. Auch hier dient der zweite zur Kontrolle. Markieren Sie die Stelle, von der Sie geschossen haben, und holen die Pfeile.
	Nun gehen Sie rund drei Meter zurück und schießen wieder zwei Pfeile. Markieren Sie die Stelle, holen die Pfeile und fahren so weit fort, bis Sie Ihren Nullpunkt bei Bergabschüssen gefunden haben. Das heißt die Entfernung, ab der Sie wieder über das Ziel schauen müssen.

Bergaufschüsse

Auch bei Bergaufschüssen ist es wichtig, das „T", gebildet aus Oberkörper und Schulter, immer beizubehalten. Auch hier gibt es mehrere Möglichkeiten, das zu erreichen.

Eine Variante besteht darin, den Oberkörper nach hinten zu beugen. Eine andere Möglichkeit ist, das vordere Bein zu strecken und das hintere abzuwinkeln. Bei beiden Varianten kommt der Oberkörper in die richtige Position und das „T" bleibt erhalten. Hier muss jeder Schütze seine persönliche Schussposition finden.

Bergaufschuss: Das hintere Bein wird abgewinkelt und das vordere gestreckt. damit hat man ein perfektes „T".

Bergaufschuss: Der Oberkörper wird nach hinten geneigt, das „T" bleibt erhalten.

Trefferlage bei Bergaufschüssen

Die größte Flugbahnüberhöhung tritt, wie bereits erwähnt, zwischen 0° und 30° Abschusswinkel auf. Wird der Abschusswinkel größer, wird die Flugbahn auch bei Bergaufschüssen immer flacher. Schießt man senkrecht nach oben, so ist die Flugbahn eine Gerade.

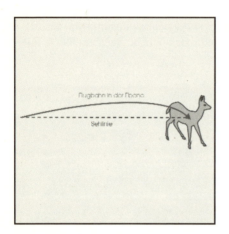

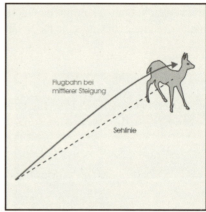

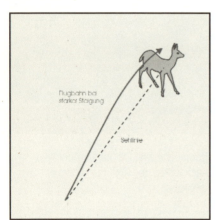

Oben links: Flugbahn in der Ebene.

Oben rechts: Flugbahn bei leichter Steigung. Die Flugbahn ist gestreckter. Man schießt unter normalen Umständen zu hoch.

Links: Flugbahn bei starker Steigung. Die Flugbahn ist sehr gestreckt. Man schießt unter normalen Umständen zu hoch.

Hier gilt im Wesntlichen das Gleiche wie bei Bergabschüssen. Innerhalb des persönlichen Schussbereiches liegen Bergaufschüsse ab einem bestimmten Winkel zu hoch. Hier gibt es bezüglich des Winkels individuelle Unterschiede.

Instinktivschützen können Hochschüsse durch intensives Training ausgleichen. Da aber nicht jeder die passenden Übungsmöglichkeiten hat, bleibt nur, etwas tiefer zu schauen. So muss man z.B. bei einem relativ steilen Bergaufschuss (die richtige Haltung vorausgesetzt) bei 25 Meter auf die Unterkante der Tierscheibe schauen. Je steiler der Schuss, desto tiefer muss man zielen.

Liegt das Ziel außerhalb des persönlichen Schussbereiches, muss das wiederum mit einkalkuliert werden. Liegt mein Nullpunkt beispielsweise bei 40 Meter und ich muss auf rund 50 Meter im Winkel von 45° nach oben schießen, wird unter Umständen der Punkt, den ich anvisiere, genau im Zentrum liegen.

Übung 37	Training von Bergaufschüssen
Beschreibung	Die Übung wird im Gelände durchgeführt.
	Suchen Sie sich eine Scheibe, die bergauf zu schießen ist. Stellen Sie sich in eine Entfernung von rund zehn Meter. Schießen Sie zwei Pfeile. Beim zweiten Pfeil verändern Sie nichts am Schuss. Er dient lediglich der Kontrolle.
	Nun korrigieren Sie den Spot, den Sie anvisiert haben, und schießen wieder zwei Pfeile. Auch hier dient der zweite zur Kontrolle. Markieren Sie die Stelle, von der Sie geschossen haben, und holen die Pfeile.
	Nun gehen Sie rund drei Meter zurück und schießen wieder zwei Pfeile. Markieren Sie wieder die Stelle, holen die Pfeile und fahren so fort, bis Sie Ihren Nullpunkt bei Bergaufschüssen gefunden haben. Das heißt jene Entfernung, ab der Sie wieder über das Ziel schauen müssen.

Fehlerkorrektur bei Bergauf- und Bergabschüssen

Die Selbstkontrolle bei Schüssen im Gelände ist sehr schwierig. Man glaubt die richtige Position eingenommen zu haben, ist aber leider weit davon entfernt. Um hier eine optimale Rückmeldung zu haben, ist ein Partner unbedingt erforderlich. Vor allem das „T" kann so sehr leicht überprüft werden.

Dazu nehmen Sie zwei Pfeile und bilden damit ein „T". Beim Schuss wird ein Pfeil genau über den Oberkörper, der zweite entlang der Schulter angelegt. Dadurch hat man sofort die Rückmeldung, ob man alles richtig gemacht hat.

Kontrolle des „T" bei Bergaufschüssen.

Entfernungstraining

Schüsse auf nahe Entfernungen

Sehr nahe Schüsse auf kleine am Boden stehende Ziele können als Bergabschüsse betrachtet werden. Und deshalb ist es wichtig, sich dementsprechend zu verhalten. Das „T" muss stimmen und Sie müssen etwas tiefer zielen.

Sehr nahe Schüsse sind als Bergabschüsse zu sehen.

Kleine Ziele: Tiefer Zielpunkt.

Schüsse auf weite Entfernungen

Bei weiten Entfernungen, die ich aus verschiedenen Gründen nicht trainieren kann oder trainiert habe, spielt der persönliche Nullpunkt eine entscheidende Rolle.

Nehmen wir an, dass das Ziel außerhalb des persönlichen Schussbereiches liegt. Als Zweites muss man sich überlegen, wie weit außerhalb die Scheibe steht. Hier kann man mit den Methoden der Entfernungsschätzung arbeiten, oder man kann diesen Wert auch gefühlsmäßig bestimmen. Und als Drittes muss man sich überlegen, wie weit man nun über das Ziel schauen muss.

Übung 38	Verschieben des Spots bei weiten Entfernungen
Beschreibung	Die Übung wird im Gelände durchgeführt.
	Suchen Sie sich ein Ziel, das außerhalb Ihres persönlichen Schussbereiches liegt. Suchen Sie einen Punkt über dem Ziel, auf den Sie schießen. Schießen Sie zwei Pfeile, um eventuelle Schussfehler auszugleichen.
	Führen Sie diese Übung mehrmals an verschiedenen Scheiben durch und legen Sie eine Tabelle an.

Entfernung	drüber schauen
Nullpunkt 25 m	0 cm
30 m	5 cm
35 m	15 cm
40 m	25 cm
45 m	35 cm
50 m	55 cm

Beobachtungstraining

Geländeanalysen

Ein wesentlicher Punkt, dem man seine Aufmerksamkeit schenken muss, sind Geländeanalysen. Sie dienen zur Überprüfung der Informationen, die unser Gehirn erhält und vom Unterbewusstsein verarbeitet werden. Oft sind die Geländegegebenheiten so, dass sie falsch interpretiert werden und die logische Konsequenz ein Fehlschuss ist. Das Unterbewusstsein hat mir dabei sozusagen einen Streich gespielt.

Typische Geländeformen, die falsch interpretiert werden können:

- *Unbekannte Scheiben; vor allem 3-D-Scheiben, auf die man selten oder nie geschossen hat, oder Papierauflagen mit falschen Größenverhältnissen oder selbst gemachte Scheiben.*
- *Bergauf- oder Bergabschüsse*
- *Schuss entlang eines Hanges*
- *Schuss über einen Graben*
- *Schuss über einen Hügel*
- *Schuss auf einer freien Fläche*
- *Hindernisse in der Flugbahn*
- *Lichteffekte*
- *Schuss in einer unbekannten Vegetation; Beispiel Afrika*

Fehlerquelle unbekannte Scheiben: Man kennt die Größen nicht, oder die Größenverhältnisse stimmen nicht. Beispiele sind Papierauflagen.

Fehlerquelle Schuss entlang eines Hanges: Man lehnt sich unbewusst zum Hang. Die Schüsse treffen hangabwärts.

Fehlerquelle Schuss über einen Graben: Das Ziel scheint weiter entfernt.

Fehlerquelle Schuss auf eine freie Fläche: Das Ziel scheint näher.

Fehlerquelle Schuss über einen Hügel: Das Ziel scheint näher.

Fehlerquelle Hindernisse in der Flugbahn: Das Ziel muss nach oben frei bleiben.

Fehlerquelle Lichteffekte: Grelles Licht lässt die Ziele näher erscheinen.

Fehlerquelle Schüsse in unbekannter Vegetation: Im Bild der afrikanische Busch. Die Entfernung kann sehr schwer eingeschätzt werden.

Übung 39	Geländeanalysen
Beschreibung	Die Übung wird im freien Gelände oder auf einem nicht bekannten Parcours durchgeführt. Der Vereinsparcours ist dabei nicht geeignet, da man das Gelände dort in- und auswendig kennt. Nehmen Sie ein beliebiges Ziel, einen Baumstumpf, ein Blatt am Boden etc. in beliebiger Entfernung und versuchen Sie, die Situation nach den oben angegebenen Punkten zu analysieren.

Entfernungsschätzen

Für Instinktivschützen ist es natürlich nicht notwendig, die Entfernung in Metern zu wissen. Trotzdem braucht das Unterbewusstsein eine Vorstellung davon, wie weit das Ziel entfernt ist, um den Bogenarm in die richtige Position zu bringen. Man braucht nur zu wissen, ob das Ziel innerhalb oder außerhalb des persönlichen Schussbereiches liegt. Der persönliche Nullpunkt sollte bereits vorher festgestellt worden sein.

Es gibt mehrere Möglichkeiten, die Entfernung zu schätzen. Eine besteht darin, die Strecke bis zum Ziel in Fünf-Meter-Teilstrecken (ev. Zehn-Meter-Teilstrecken) zu unterteilen. Um sicher zu gehen, ob die Schätzung auch stimmt, kann man vom Ziel bis zum Abschuss das Ganze noch einmal durchführen. Die Summe der Teilstrecken ergibt die Gesamtentfernung.

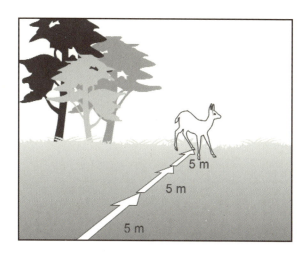

Entfernungsschätzen mit Hilfe von Teilstrecken. Man teilt die Strecke bis zum Ziel in Fünf-Meter-Teilstrecken.

Eine andere Methode arbeitet ebenfalls mit Teilstrecken. Dabei wird die Strecke bis zur Scheibe halbiert. Die vordere Hälfte wird wieder halbiert und wenn notwendig diese wieder. Nun wird die Länge der letzten Teilstrecke geschätzt und mit der Anzahl der Teilungen multipliziert.

Entfernungsschätzen durch Halbieren der Strecken.

Kann man das Gelände zwischen Abschuss und Scheibe nicht zur Gänze einsehen, bleibt nur ein Trick. Man sucht sich eine Ersatzstrecke, die der Länge der tatsächlichen Strecke entspricht. Nun kann man wieder wie oben dargestellt die Entfernung schätzen.

Ist das Gelände nicht einsehbar, muss eine Ersatzstrecke verwendet werden.

Übung 40	Entfernungsschätzen ohne Scheiben
Beschreibung	Die Übung wird im freien Gelände durchgeführt. Dazu eignet sich prinzipiell jedes Gelände. Stellen Sie sich in einer beliebigen Entfernung zu einem Ziel, z.B. einem Baumstumpf, einem Blatt am Boden etc., auf. Nun versuchen Sie mit oben angeführten Methoden die Entfernung zu schätzen. Zur Kontrolle messen Sie mit einem Entfernungsmesser oder einem Maßband nach, oder gehen Sie die Strecke ab.

Übung 41	Entfernungsschätzen mit Scheiben
Beschreibung	Die Übung wird im freien Gelände oder auf einem nicht bekannten Parcours durchgeführt. Der Vereinsparcours ist dabei nicht geeignet, da man das Gelände dort in- und auswendig kennt. Stellen Sie sich in einer beliebigen Entfernung zu einer Scheibe auf. Nun versuchen Sie mit oben angeführten Methoden die Entfernung zu schätzen. Zur Kontrolle messen Sie mit einem Entfernungsmesser oder einem Maßband nach, oder gehen Sie die Strecke ab.

Pik a Spot

Augenschule

Beim instinktiven Schießen ist es notwendig, den Punkt, den ich treffen möchte, zu fixieren. Übungen dazu können Sie praktisch immer und überall durchführen.

Übung 42	Augenschule 1
Beschreibung	Diese Übung kann überall durchgeführt werden.
	Wählen Sie einen Punkt in Ihrer Umgebung und fixieren Sie ihn rund zehn Sekunden lang, ohne ihn aus den Augen zu verlieren. Wiederholen Sie diese Übung so oft und wo Sie können.
	Eine Steigerung wäre, wenn sich in der Umgebung des Punktes etwas bewegt.

Übung 43	Augenschule 2
Beschreibung	Diese Übung wird auf 3-D-Scheiben durchgeführt.
	Wählen Sie einen beliebigen Punkt z. B. über dem Hinterlauf auf der 3-D-Scheibe und schießen Sie darauf. Ziel ist es, möglichst nahe am fixierten Punkt zu treffen.

Schießen unter Störfaktoren

Häufig passiert es, dass sich auf der Sehlinie zum Ziel zwar keine Hindernisse, sich aber Blätter, hohes Gras etc. in unmittelbarer Nähe zur Sehlinie befinden. Bewegen sich diese Dinge auch noch und verdecken dann teilweise die Sicht, ist es oft sehr schwer, den anvisierten Punkt im Auge zu behalten. Der Blick springt unter Umständen vom Ziel zum Blatt und der Schuss geht deswegen daneben.

Übung 44	Ablenkungen in der Schussbahn
Beschreibung	Die Übung wird auf einem Parcours durchgeführt. Dazu eignet sich prinzipiell jeder.
	Stellen Sie sich in einer beliebigen Entfernung zu einer Scheibe auf und achten Sie darauf, dass zwischen Ihnen und der Scheibe ein Strauch mit Blättern oder hohes Gras ist. Fixieren Sie einen möglichst kleinen Punkt auf der Scheibe und versuchen Sie, ihn für zehn Sekunden im Auge zu behalten.
	Um Wind zu simulieren, kann ein Partner mit dem Bogen am Strauch leicht rütteln.

Übung 45	Ablenkungen in der Schussbahn beim Schuss
Beschreibung	Die Übung wird auf einem Parcours durchgeführt. Dazu eignet sich prinzipiell jeder.
	Stellen Sie sich in einer beliebigen Entfernung zu einer Scheibe auf und achten Sie darauf, dass zwischen Ihnen und der Scheibe ein Strauch mit Blättern oder hohes Gras ist. Fixieren Sie einen möglichst kleinen Punkt auf der Scheibe und versuchen Sie, ihn im Auge zu behalten und zu schießen. Wenn Sie den Punkt verlieren, setzen Sie sofort ab und beginnen den kompletten Schuss von vorne.
	Um Wind zu simulieren, kann ein Partner mit dem Bogen am Strauch leicht rütteln (aber Vorsicht!).

Übung 46	**Pfeilangel**
Beschreibung	Die Übung wird an der Einschussscheibe durchgeführt.

Über der Scheibe wird ein Stab (Angel) angebracht. Daran hängt an einer Schnur ein Gegenstand. Dieser wird in Bewegung gesetzt und lenkt so vom eigentlichen Ziel ab.

Stellen Sie sich in einer beliebigen Entfernung zur Scheibe auf. Fixieren Sie einen Punkt auf der Scheibe und versuchen Sie, ihn im Auge zu behalten und zu schießen. Wenn Sie den Punkt verlieren, setzen Sie sofort ab und beginnen den kompletten Schuss von vorne.

Spezialtraining

Dabei wird der komplette Schuss unter wettkampfmäßigen Bedingungen trainiert. Das erlernte Können und die Bewegungsabläufe werden auf Sicherheit und Stabilität überprüft. Schwachstellen sollen sichtbar gemacht und korrigiert werden. Das erreichte Leistungsniveau soll ins Ergebnis umgesetzt werden.

Zum einen gibt es keine bessere Trainingsmöglichkeit, um den erreichten Automatismus und die Technik zu verfeinern, zum anderen können aber auch zu viele Leistungskontrollen die Psyche des Schützen belasten. Es kann zu Störungen im Bewegungsablauf und zu Deautomatisierung kommen. Der Schütze ist dabei nämlich immer unter Druck (vgl. Ulrich, Bachmann, S. 5-9).

Leistungskontrolle ohne Bedingungen

Dies ist die einfachste Form der Leistungskontrolle. Auf einem Parcours werden beliebig viele Pfeile auf eine Scheibe geschossen. Es werden dabei die Form und das aktuelle Leistungspotential festgestellt.

Übung 47	Leistungskontrolle ohne Bedingungen
Beschreibung	Die Übung wird auf einem Parcours durchgeführt. Dazu eignet sich prinzipiell jeder.
	Wählen Sie unterschiedliche Entfernungen und Geländeformen und schießen Sie maximal drei Pfeile von einem Abschuss. Wechseln Sie sodann die Abschussposition.
	Versuchen Sie festzustellen, bei welchen Schüssen Sie welche Schwächen haben und notieren Sie diese.

Leistungskontrollen mit Wettkampfelementen

Das ist eine Trainingsform, bei der wesentliche Wettkampfelemente eingebaut werden. So können Sie mit einem gleich guten Schützen ein kleines Turnier über 28 Scheiben veranstalten oder Sie können für sich eine Hunterrunde schießen.

Übung 48	Leistungskontrolle mit Wettkampfelementen 1
Beschreibung	Die Übung wird auf einem Parcours durchgeführt. Dazu eignet sich prinzipiell jeder. Die Ergebnisse werden gezählt. Schießen Sie mit einem gleich guten Schützen eine 14er- oder 28er-Runde. Wenn Ihr Partner schwächer schießt, geben Sie ihm eine realistische Punktezahl vor. Versuchen Sie dabei das Training als Turnier zu betrachten.

Übung 49	Leistungskontrolle mit Wettkampfelementen 2
Beschreibung	Die Übung wird auf einem Parcours durchgeführt. Dazu eignet sich prinzipiell jeder. Die Ergebnisse werden gezählt. Schießen Sie alleine eine 14er- oder 28er-Runde. Eventuell kann es auch eine Hunterrunde sein. Versuchen Sie dabei das Training als Turnier zu betrachten. Konzentrieren Sie sich wie in einem richtigen Turnier und geben Sie niemals auf!

Leistungskontrolle mit Zusatzbedingungen

Um auf alle Eventualitäten vorbereitet zu sein empfiehlt es sich, Zusatzbedingungen festzulegen. Sie sollen den Schützen auch auf unvorhergesehene Dinge in einem Turnier vorbereiten.

Übung 50	Leistungskontrolle mit Zusatzbedingungen
Beschreibung	Die Übung wird auf einem Parcours durchgeführt. Dazu eignet sich prinzipiell jeder. Die Ergebnisse werden gezählt. Schießen Sie alleine, mit einem Partner oder einer Gruppe eine 14er- oder 28er-Runde. Eventuell kann es auch eine Hunterrunde sein. Legen Sie z.B. folgende Wettkampfsituationen vorher fest: - *Sie schießen immer als Erster.* - *Sie wechseln während der Runde die Sehne.* - *Sie nehmen nur drei Pfeile mit.* - *Sie gehen sehr schnell durch den Parcours.* - *Sie beginnen mit zwei „Out".* - *Sie gehen bei Regen.* - *Sie schießen immer fünf bis zehn Meter hinter dem normalen Pflock.* - *Etc.*

Ausgewählte Einflussfaktoren auf die Trefferquote (vgl. Haidn, Weineck, 2000, S. 49 ff.)

Zittern des Bogenarms

Nur ein Schütze, der den Bogen konstant ruhig halten kann, hat die Voraussetzung für gleichmäßige Gruppierungen. Bedeutend im Zeitverlauf des Endzuges ist für den Schützen damit neben der Gleichmäßigkeit der Bewegung das Zittern (Tremor) des Bogenarmes.

Dieses Zittern hängt ab von der relativen Kraft, die der Muskel bezogen auf seine Maximalkraft aufbringen muss. In der Praxis bedeutet dies, dass eine Feinkoordination in der Release-Phase nicht mehr möglich ist, weil das Kräftegleichgewicht vermehrt durch den grobkoordinierten großflächigen Trapezmuskel und nicht mehr durch die mehr feingesteuerte Rautenmuskulatur (bzw. den vorderen Sägemuskel) übernommen werden kann.

Konsequenzen für die Trainingspraxis

- *Richtige Wahl des Zuggewichts insbesondere bei Kindern und Neulingen.*
- *Behutsame Steigerung von Zuggewicht im Grundlagentraining.*
- *Begleitendes Krafttraining.*

Die T-Form

Insbesondere in der Grundausbildung ist besonderer Wert auf eine präzise Oberkörperhaltung zu legen. Durch die T-Form kommt es zur geringsten Rotation im Oberkörperbereich. Rotationsbewegungen und daraus resultierende Oberkörperverwringungen haben ihre Ursache häufig in einer instabilen Bogenschulter. Zum Beispiel liegt sie zu weit außen und ist zu hoch.

Das „T".

Konsequenzen für die Trainingspraxis

- *In der Grundausbildung ist eine präzise Oberkörperhaltung zu schulen, da sie als Bindeglied zwischen Bogen- und Zugarm entscheidend ist für konstante Bewegungs- und Kraftverläufe und damit gleichbleibende Gruppierungen. Diese ist im Sinne der T-Form zu stabilisieren.*

- *Der parallele Stand gilt ökonomisch als der günstigste, weil hiedurch kein „Nachstellen" durch Rotation von Bändern und Muskeln erforderlich wird.*

Die Pulsfrequenz

Ein erhöhtes Erregungsniveau kann leistungsmindernde Emotionen, Koordinationsmängel in der Bewegungsausführung (Muskelgefühl), Schießrhythmusschwierigkeiten (Absetzen bzw. Timing) und letztlich Selbstvertrauensverlust hervorrufen.

Konsequenzen für die Trainingspraxis

- *Um ein ungünstiges Stresshormonverhältnis zu vermeiden, sollte versucht werden, im Training vergleichbare, wettkampfähnliche Hormonverhältnisse zu erzielen. So können z. B. ein Wettkampf mit Kollegen oder einem Partner oder Vorführungen vor Publikum das bewirken.*

- *Startfieber und Nervosität können durch methodische Maßnahmen wie typangepasstes Aufwärmen beeinflusst werden. Ist z. B. der Sportler zu aufgeregt, empfiehlt sich ein längeres, ruhiges Warmlaufen.*

- *Einsatz therapeutischer Trainingsmethoden, wie z. B. Biofeedbacktraining.*

Dietmar Vorderegger

Kapitel 3

Erkenne deine Fehler

Das Erlernen und die Vervollkommnung der Technik ist nur durch das Erkennen und Beseitigen der sich immer einschleichenden Fehler möglich. Fehler müssen frühzeitig erkannt und die Ursachen beseitigt werden. Die Beseitigung ist für die Effektivität des Lehr- bzw. Trainingsprozesses entscheidend.

Sind mehrere Einzelfehler vorhanden, ist immer zuerst der gravierendste zu finden und zu beseitigen. Danach kann man sich an die Beseitigung der kleineren Fehler machen (vgl. Ulrich, Bachmann, S. 5-12).

Fehlerursachen

Bewegungsfehler kann man in fünf Gruppen einteilen, wobei die Übergänge oft fließend sind.

Bewegungs-mängel	Psychogene Ursachen	Mangelhaftes Erlernen	Ungewohnte Bedingungen	Nicht-systematische Ursachen
Mangelhafte Kraft und Kondition	Mangelhafte Selbstkontrolle	Erlernen einer fehlerhaften Technik	Ungewohnte Umfeld- und Rahmenbedingungen	Spontane Fehler mit unerklärlichen Ursachen
Mangelhafte Koordination und Bewegungsfähigkeit	Angst, fehlendes Selbstvertrauen, Unsicherheit	Unzureichendes Beherrschen der Bewegungsabläufe	Ungewohnte Witterungs- und Platzverhältnisse	
Besonderheiten des Körperbaus	Psychologische Auswirkungen der äußeren Bedingungen			

(Vgl. Ulrich, Bachmann, S. 5-12)

Bewegungsmängel

Sehr häufig kann man beobachten, dass Schützen nach längerer Pause sich über ihre Fehler wundern. „Das hab ich vor fünf Wochen doch noch so gut gekonnt", mag sich der eine oder andere denken. Tatsache ist aber, dass sich die Muskulatur relativ schnell zurückbildet und die Kraft nicht mehr vorhanden ist. Man merkt es unter Umständen gar nicht selbst, dass die Bogenhand beim Schuss immer zur Seite weggeht und die Treffer dementsprechend ebenfalls nicht dort sind, wo sie sein sollten.

Tipp:

Wenn Sie längere Zeit nicht geschossen haben, beginnen Sie mit einem leichteren Bogen. Versuchen Sie auch nicht sofort wieder auf Ihre gewohnten Entfernungen zu schießen. Sie werden nicht so treffen, wie Sie das gewohnt sind. Und viel Pfeilbruch ist ja auch nicht so toll.

Psychogene Ursachen

Die wohl häufigste Ursache in dieser Gruppe ist das fehlende Selbstvertrauen bzw. auftretende Unsicherheit. Jeder kennt es, wenn während eines Turniers plötzlich das Gefühl hochkommt: „Hoffentlich treff ich die 3-D-Scheibe überhaupt." Man hat Angst vor den einfachsten Schüssen. Und diese Angst ist berechtigt, denn man trifft plötzlich Scheiben nicht mehr, die im Training oder bei anderen Turnieren kein Problem sind.

Auch kann es vorkommen, dass man mit den Bedingungen, die um einen herum sind, nicht zurecht kommt. Das können andere Teilnehmer sein, die einen stören oder über die man sich ärgert. Das können Entscheidungen eines Schiedsrichters oder der Gruppe sein, die man nicht akzeptieren will. Die Gründe hierfür sind mannigfaltig.

Mangelhaftes Erlernen

Beobachtet man Hobby-Schützen, sieht man die abenteuerlichsten Schießstile. Oft wundert man sich, dass diese Schützen überhaupt treffen. Und nicht selten wundert sich der Schütze auch selbst, dass er dort hingetroffen hat, wo er wollte. Viele dieser Schützen haben sich das Bogenschießen selbst beigebracht, andere wiederum haben es von einem Freund oder Bekannten gelernt, der selbst nicht ein Experte im traditionellen Bogensport ist.

Zielführend ist immer noch, das Bogenschießen systematisch zu lernen. Man erspart sich hinterher viel Schweiß, wenn man die eingeübten Fehler nicht wieder „ausbügeln" muss.

Ungewohnte Bedingungen

Stellen Sie sich folgende Situation vor. Man trainiert immer mittelschwere bis schwere Schüsse. Die Entfernungen zwischen 25 und 40 Meter hat man drauf. Nun kommt man zu einem Turnier und muss feststellen, dass die Entfernungen sich plötzlich zwischen 12 und 20 Meter bewegen. Und schon beginnt das Dilemma. Man schießt immer zu hoch und macht Fehler, die einem normalerweise nicht passieren.

Und das Wetter kann ein Übriges tun. Wer wünscht sich nicht ein angenehmes Wetter bei einem Turnier. Nicht zu kalt, aber auch nicht zu heiß soll es sein. Nur ist das eben in Wirklichkeit nicht immer so. Auch strömender Regen an zwei Tagen kann schon mal vorkommen. Ein Trost: Es trifft jeden!

Nicht-systematische Fehler

Es kann immer wieder vorkommen, dass man aus unerklärlichen Gründen Fehler macht. Der erfahrene Schütze versucht zwar die Ursachen zu finden, sehr häufig kommt man aber nicht auf den wahren Grund.

Machen Sie niemals den Fehler, während eines Turniers Änderungen an Ihrer Schießtechnik vorzunehmen. Versuchen Sie vielmehr mit Taktik und Tricks die Situation zu retten. Nach dem Turnier können Sie daran gehen, die Ursachen zu finden und zu beseitigen.

Methoden zur Fehlerbeseitigung

Erkennen der Ursachen

Wenn man mit Fehlern zu kämpfen hat, wird oft die Methode „Versuch und Irrtum" eingesetzt. Man ändert dabei etwas an der Technik und beobachtet die Auswirkungen. Oft glaubt man, den Fehler behoben zu haben, meist ist dem aber nicht so. Der Fehler ist nach kurzer Zeit wieder da.

Zielführender ist es, die Ursache des Fehlers zu finden. Ein Anhaltspunkt kann die auf Seite 102 abgebildete Tabelle sein. Oder aber ein Trainer oder Freund ist dabei behilflich.

Zerlegen des Bewegungsablaufes

Man versucht dabei den Bewegungsablauf in kleine Teilschritte zur unterteilen. Z.B. Stand bis Vorspannung, Vorspannung bis Anker, Anker bis Nachhalten. Diese Teilschritte können nun wesentlich besser beobachtet werden. Unter Umständen kann es nützlich sein, dazu einen leichteren Bogen zu verwenden.

Schriftlicher Schussablauf

Hilfreich ist dabei, wenn man den Schussablauf schriftlich und möglicht detailliert aufgeschrieben hat. Geht man den Schussablauf jetzt Punkt für Punkt durch, muss man unweigerlich zu dem Punkt kommen, welcher der wahre Grund für die Fehler ist.

Tipp:
Erstellen Sie eine Beschreibung Ihres Schussablaufes. Sie können den auf Seite 106 dargestellten verwenden und Ihren Bedürfnissen anpassen. Im Laufe der Zeit können Sie Punkte hinzufügen oder ändern.

Beispiel Schussbeschreibung

Ich ergreife meinen Bogen und gehe an den Pflock.
Ich nehme meine Schussstellung ein.
Meine Beine sind etwa hüftbreit auseinander und gleich belastet.
Meine Füße stehen parallel im rechten Winkel zur Schusslinie.
Ich halte den Bogen mit gestreckter Hand nach unten.
Ich nehme meinen Pfeil aus dem Köcher, nocke ihn ein.
Ich nehme den Pfeil im mediterranen Griff.
Mein Bogenarm ist gestreckt.
Mein Griff ist locker, nicht fest.
Ich gehe leicht auf Zug und spanne den Bogen vor.
Ich lege den Daumen der Zughand in die Handfläche.
Ich gehe leicht in die Knie.
Ich kippe meinen Oberkörper leicht nach vorne.
Ich neige meinen Kopf leicht zur Seite.
Ich schaue zur Scheibe und fixiere den Punkt, den ich treffen möchte.
Schieße ich aus einem Gestrüpp oder unter einem Baum, hebe ich den Bogen und schaue, ob der obere Wurfarm irgendwo anstoßen könnte.
Schieße ich z.B. hinter einem Stein, hebe ich den Bogen und schaue, ob der untere Wurfarm irgendwo anstoßen könnte.
Ich atme dreimal ruhig ein und aus.
Ich atme ein.
Während des Einatmens hebe ich die Bogenhand langsam und ziehe die Sehne.
Der Bogen ist rund 25° geneigt.
Ich atme langsam aus.
Ich ziehe über die Wange in die Ankerposition.
Ich erreiche den Referenzpunkt am Kinnbogen.
Ich erreiche den Referenzpunkt am Mundwinkel.
Mein Bogenarm und meine Zughand verlaufen parallel, die Zughand liegt etwas über dem Bogenarm.
Ich habe vollkommen ausgeatmet.
Ich ankere rund zwei Sekunden.
Ich löse den Schuss.
Meine Hand bleibt im Gesicht und bewegt sich 3 cm parallel zu Schussrichtung nach hinten.
Ich verfolge den Pfeil im Flug.
Ich bleibe solange in dieser Position, bis ich den Pfeil einschlagen sehe.
Ich kontrolliere meinen Schuss gefühlsmäßig, ob er gut war.
Ich atme ein und normalisiere meine Atmung.
Ich nehme den Bogenarm und die Zughand nach unten.

Hilfsmitteln zur Optimierung des Bewegungsablaufes

Rohrbogen

Dieses Hilfsmittel ist sehr einfach und wurde bereits im Kapitel 1 beschrieben.

Gummiband

Das Gummiband ist das einfachste Hilfsmittel, das den Bogenschützen immer begleiten sollte. In der Grundausbildung hilft es beim Erlernen der Schießtechnik. Im Leistungssport dient es zum Aufwärmen ebenso wie für Übungen, die zur Einstimmung auf einen perfekten Wettkampfschuss dienen.

Einfaches Trainingsgerät: Das Gummiband.

Je nachdem wie kurz man das Band nimmt, kann man damit die Bogenstärke simulieren.

Spiegel

Der Spiegel ist für das Elemententraining sehr hilfreich. Man braucht hier keinen Trainer oder Partner, sondern kann sich selbst kontrollieren. Voraussetzung ist allerdings, dass man bereits die Idealtechnik kennt. Erst dann kann man Fehler erkennen und Korrekturen machen bzw. die optimale Technik vervollkommnen.

Beim Trainieren des gesamten Schussablaufes sollte man hier allerdings vorsichtig sein. Ein wesentlicher Punkt des gesamten Schusses ist ja das Fixieren des Spots auf der Scheibe. Am Spiegel ist das aber logischerweise nicht möglich. Deshalb würde hier ein wichtiges Element fehlen.

Hilfsmittel Spiegel.

Video

Video ist in den meisten Bogensportdisziplinen das am häufigsten eingesetzte Hilfsmittel. Hier können Details genauso wie der gesamte Schussablauf beobachtet werden. Die Fehler und die Ursachen für diese Fehler können sehr leicht aufgezeigt werden.

Wichtig ist dabei, dass die Schüsse möglichst im Anschluss betrachtet werden. Dann hat man nämlich auch die Möglichkeit, sofort darauf zu reagieren.

Laser

Mit Hilfe eines Lasergerätes, das auf dem Bogen befestigt wird, kann man sehr schnell und zuverlässig den Zielvorgang überprüfen. Dabei ist es nicht unbedingt notwendig, dass der Laserstrahl beim Abschuss genau im Ziel ist. Wichtig ist nur, dass man sich den Punkt, auf den der Laser beim Abschuss zeigt, merkt.

Nun braucht man nur mehr zu schauen, ob der Laser bei den nächsten Schüssen sich tatsächlich dort befindet. Auch kann der Weg, den der Laser vor dem Abschuss beschreibt, als Ausgangspunkt für die Optimierung des Bewegungsablaufes dienen.

Wer keine optimale Vorrichtung zur Befestigung eines Lasers hat, kann ihn mit einem einfachen Gummiband am Bogen befestigen. Dann dürfen allerdings nur Trockenschüsse gemacht werden. Die Erschütterung beim Schuss würde die Position des Laserstiftes jedesmal ändern.

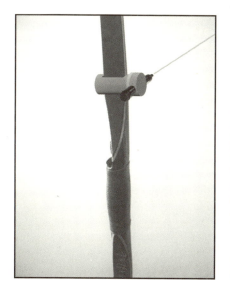

Laserstift auf dem Bogen.

Der Laserpunkt auf der Scheibe muss beim Lösen oder bei einem Trockenschuss nicht genau im Ziel, aber immer an der gleichen Stelle sein.

Der Weg, den der Laserstrahl bis zum Lösen beschreibt, hilft zur Optimierung des Bewegungsablaufes.

Partner oder Trainer

Die wichtigste Hilfe ist aber sicher ein Trainer oder ein Partner. Im traditionellen Bereich steht sehr häufig kein Trainer zur Verfügung und Trainingspartner haben oft nicht die Kompetenz, hilfreiche Hinweise zu geben. Deshalb muss dem Partner genau gesagt werden, worauf er wie achten soll.

Der Partner kann die Videokamera bedienen oder er kann auch auf den Auszug schauen. Er kann darauf achten, ob die Hand beim Release im Gesicht bleibt oder mit Hilfe von zwei Pfeilen das „T" im Gelände zeigen. Wichtig ist dabei, dass der Partner den optimalen Bewegungsablauf kennt.

Ein Trainer oder Trainingspartner ist die wichtigste Hilfe.

Karin Vorderegger

Karin Vorderegger

Kapitel 4

Taktik im traditionellen Bogensport

Unter Taktik versteht man das planmäßige, auf die eigene und gegnerische Leistungsfähigkeit und die äußeren Umstände abgestellte Verhalten im Einzel- oder Mannschaftsport. Dabei unterscheidet man zwischen allgemeiner und spezieller Taktik. Die allgemeine Taktik bezieht sich auf die allgemeinen Regeln und Gesetzmäßigkeiten des taktischen Handelns, die spezielle Taktik auf sportartspezifische Dinge, und diese bedarf einer entsprechenden Schulung (vgl. Weineck, S. 605).

Im Gegensatz zu anderen Sportarten bezieht sich die Taktik im Bogensport auf die eigene Person. Voraussetzung dafür ist aber, dass der Sportler das nötige Wissen und technische Können besitzt.

Allgemeine Taktik

Regeln kennen

Vor allem im Jagdbogen- und 3-D-Bogensport werden Regeln oft nicht sehr genau genommen. Teilweise, vor allem bei so genannten Animationsturnieren, sind sie nicht einmal niedergeschrieben. Man orientiert sich an mehr oder weniger akzeptierten Gepflogenheiten der letzten Jahre. Dass dabei unterschiedliche Interpretationen an der Tagesordnung sind, kann man bei jedem Turnier feststellen. Dem Zufall ist dabei Tür und Tor geöffnet; undenkbar in anderen Sportarten!

Die Hoffnung, dass Turnierveranstalter Regeln, die von den nationalen Verbänden herausgegeben wurden und auf internationalen Regeln basieren, übernehmen, gibt der Autor nicht auf.

Deshalb ist es wichtig, sich vor jedem Turnier mit den jeweils geltenden Regeln oder Interpretationen vertraut zu machen. Wo stehen sie, wer trifft bei strittigen Sachverhalten die Entscheidung, wer ist die letzte Entscheidungsinstanz etc.?

Internationale Regeln gibt es von der IFAA (International Field Archery Association) und der FITA (Fédération Internationale de Tir à l'Arc) sowie von einigen weniger bedeutenden Verbänden. Im deutschsprachigen Raum haben für den Jagdbogen- und 3-D-Sport der DFBV (Deutscher Feldbogen Sportverband), der ÖBSV (Österreichischer Bogensportverband) und der FAAS (Field Archery Association Switzerland) Regeln veröffentlicht.

Witterungseinflüsse

Die unterschiedlichen Witterungsverhältnisse haben bei Wettkämpfen einen sehr großen Einfluss. Regen, Wind aber auch extrem heißes Wetter bereiten den Schützen immer wieder große Probleme. Bei extremen Witterungsverhältnissen ändert sich das Material.

Bei Regen gilt der Grundsatz: Alle Ausrüstungsgegenstände sollen so trocken wie möglich gehalten werden. Viele Schützen sind bei solchen Bedingungen mit der besten Outdoor-Ausrüstung unterwegs. Man bleibt zwar trocken, wetterfeste Jacken haben leider Nachteile. Zum einen ist die Bewegungsfreiheit nicht mehr gegeben und zum anderen stören die weiten Ärmel. Man streift mit der Sehne und der Schuss geht daneben. Deshalb empfiehlt es sich, bei Regen einen Schirm zu nehmen. Da mag der eine oder andere einwenden, dass das sicher nicht traditionell ist. Aber ist es Goretex?

Bei Sonnenschein sind Sonnenbrillen nicht unbedingt zu empfehlen. Besser ist da schon eine Baseball-Kappe. Vor allem wenn man gegen die Sonne schießen muss ist sie Goldes wert.

Bei Regen ist ein Schirm besser als eine wasserdichte Jacke.

Eine Kappe schief aufgesetzt hilft bei Schüssen gegen die Sonne.

Spezielle Taktik

Oft wird das Schießtraining bei optimalen Verhältnissen durchgeführt. Auf spezielle Situationen, die auch im Turnier vorkommen können, bereiten sich die wenigsten vor. Da fliegen Langbogenschützen um die halbe Welt und müssen feststellen, dass sich der Bogen bereits nach wenigen Schüssen aufzulösen beginnt. Oder die Sehne reißt und es ist keine Ersatzsehne zur Hand.

Materialabstimmung und Materialfehler

Jeder Schütze sollte sein Material und wie sich Änderungen auswirken, kennen. Wichtig ist dabei unter anderem:

- *Die genaue Standhöhe der Sehne.*
- *Die genaue Position des Nockpunktes.*
- *Was bewirkt eine Verschiebung des Nockpunktes um x mm nach oben oder nach unten?*
- *Wie verändert sich der Pfeilflug bei x Sehnen-Umdrehungen mehr oder weniger?*
- *Wie verhält sich meine Reservesehne? (Sie muss eingeschossen werden!)*
- *Wie fliegen Pfeile mit komplett nassen Naturfedern?*
- *Wie schießt mein Reservebogen und wo stelle ich ihn während eines Turniers unter?*

Um vor allem bei großen internationalen Turnieren gerüstet zu sein, ist es notwendig, sich mit möglichen Materialfehlern zu beschäftigen. Wechseln Sie die Sehne während einer Runde oder verstellen Sie Ihren Nockpunkt und bringen ihn neu an oder kleben Sie zwischen zwei Scheiben drei neue Spitzen auf Ihre Pfeile.

Sie werden merken, welche Probleme solche Änderungen machen können. Dabei kann auch gleichzeitig überprüft werden, ob das Material vollständig ist.

Schüsse in nicht gewohntem Gelände

Oft ist es nicht möglich, spezielle Schüsse zu trainieren. Viele Vereine haben z.B. nicht die Möglichkeit, steile Bergauf- oder Bergabschüsse zu trainieren. Andere wieder können keine weiten Schüsse trainieren oder haben einfach nicht die Möglichkeit, über einen Graben oder Hügel zu schießen. Um trotzdem treffen zu können, muss man sich bereits im Vorfeld überlegen, wie man auf welche Situationen richtig reagiert.

Beispiel Bergauf- und Bergabschüsse: Wie bereits gesagt wurde, schießt man bei solchen Schüssen innerhalb des persönlichen Schussbereiches immer zu hoch. Deshalb wird etwas tiefer gezielt.

Beispiel Schuss über einen Graben: Schüsse über einen Graben erscheinen meist weiter als sie tatsächlich sind. Das Unterbewusstsein berechnet die Entfernung sozusagen auf dem „Landweg". Daher werden diese Schüsse etwas zu hoch sein. Ich schieße daher etwas tiefer.

Beispiel Schuss über einen oder mehrere Hügel: Schüsse über Hügel lassen die Scheibe näher erscheinen. Das Unterbewusstsein hat nur einen Teil der Strecke zum Ziel für die Berechnung der Entfernung. Deshalb gehen Schüsse hier meistens zu tief. Man schießt also etwas höher.

Beispiel Schuss entlang eines Hanges: Schüsse entlang eines Hanges weichen sehr häufig hangabwärts ab. Der Grund liegt darin, dass man sich unbewusst zum Hang lehnt und damit das System Körper-Bogen nicht mehr stimmt. Hier sollte man sich entweder bewusst vom Hang weglehnen oder unter Umständen etwas links oder rechts vom eigentlichen Punkt zielen.

Bei einem Schuss über einen Graben ziele ich immer etws tiefer.

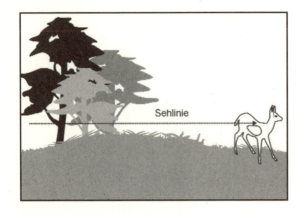

Bei Schüssen über Hügel ziele ich immer etwas höher.

Bei Schüssen entlang eines Hanges lehnt man sich bewusst vom Hang weg oder schießt etwas links oder rechts vom Punkt.

Der Kill bei ungewohnten Winkeln

Je nachdem, in welchem Winkel man auf eine Scheibe schießt, verändert sich die Lage des Kills auf der Scheibe. Aus Sicht des Schützen ist er plötzlich an ungewohnter Stelle.

Bei relativ steilen Bergabschüssen liegt der Kill sehr tief.

Bei relativ steilen Bergaufschüssen liegt der Kill sehr hoch.

Bei schrägen Schüssen von vorne liegt der Kill in der Körpermitte.

Bei schrägen Schüssen von hinten liegt der Kill im vorderen Drittel.

Ausgleichen von Fehlleistungen im Wettkampf

Aus unerfindlichen Gründen kommt es während eines Turniers zu Fehlern. Man schießt plötzlich zu hoch, oder die Pfeile treffen zu weit links oder rechts. Gründe dafür können zum einen Materialfehler sein, zum anderen können Fehler im Bewegungsablauf diese Fehlleistungen bewirken.

War ein Schuss nicht optimal, muss zuerst der Schuss selbst analysiert werden. Habe ich zu wenig ausgezogen oder habe ich beim Release die Hand vom Gesicht weggezogen. Dies wurde bereits in einem früheren Kapitel besprochen.

Habe ich alle Pfeile geschossen und kann keinen Fehler im Bewegungsablauf oder in meiner Einschätzung des Schusses finden, wird als nächstes sofort die Ausrüstung überprüft.

- *Ist der Pfeil in Ordnung? (Federn, Spitze, Nocke, angebrochen)*
- *Ist die Standhöhe der Sehne in Ordnung?*
- *Ist die Mittelwicklung in Ordnung?*
- *Ist der Nockpunkt noch an seiner Position?*
- *Ist der Bogen in Ordnung?*
- *Hat meine Kleidung ev. etwas damit zu tun?*

Kann ich im Schussablauf und bei meinem Material keine Fehler feststellen und die Schüsse gehen z.B. immer leicht rechts, ist es nicht sinnvoll, während eines Turniers am Schussablauf einzelne Elemente zu ändern. Die Auswirkungen dieser Änderung kann man erst beim nächsten Schuss an der nächsten Scheibe sehen. Vernünftiger ist es in diesem Fall, einfach etwas weiter links zu zielen. Ebenso verfährt man mit zu hohen oder zu tiefen Schüssen.

Wichtig ist aber, dass ich so schnell wie möglich an die Analyse der Ursache gehe. Daher empfiehlt es sich, im Anschluss der Runde auf der Einschussscheibe an die Behebung des Fehlers zu gehen.

Umgang mit Teilnehmern

Um seine Konzentration zu behalten ist es notwendig, sich von den anderen Teilnehmern kein belangloses oder noch schlimmer ein emotionsgeladenes Gespräch aufzwingen zu lassen. Oft verfolgen Ihre „Gegner" nur ein Ziel: Sie wollen Sie in Ihrer Konzentration stören und aus dem Rhythmus bringen.

Versuchen Sie deshalb festzustellen, welche Absicht ein „Gegner" verfolgt. Hat er die Absicht Sie zu stören oder will er einfach nur ein lockeres Gespräch führen? „Psychologen" unter den Schützen wenden alle möglichen Tricks an, um andere zu verunsichern. Diese sollte man kennen und richtig einschätzen.

Hier sollen nur einige dieser Tricks aufgezeigt werden. Die Palette der Möglichkeiten ist mannigfaltig. Teilweise stammen sie aus dem Erfahrungsschatz des Autors.

Ein Teilnehmer sagt nach einem Fehlschuss offensichtlich zu sich selbst, aber so, dass Sie es hören: „Der ist aber weit!" oder „Den hätte ich weiter geschätzt!"

Ein Teilnehmer will Sie offensichtlich loben und positiv motivieren und sagt zu Ihnen: „Wenn du so weiterschießt, wirst du sicher gewinnen." Oder „Wenn du bei den nächsten Scheiben drei 20er schießt, hast du gewonnen."

Ein Teilnehmer möchte Ihnen laufend erklären, wie das Bogenschießen geht, und weist Sie auf Fehler hin.

Ein Teilnehmer spricht während Sie schießen über Sie, und zwar so, dass Sie es hören.

Setzt man hingegen selbst auf die Taktik der Verunsicherung, wird man unter Umständen merken, dass man sich selbst schadet. Und wenn die anderen Teilnehmer das Spielchen durchschaut haben, macht man sich sicher nicht sehr beliebt.

Pausen im Wettkampf

Oft haben die Veranstalter von Turnieren für das leibliche Wohl gut gesorgt. An Verpflegungsständen gibt es alles, was das Herz begehrt. Meistens will man, dass Sie möglichst viel konsumieren und deshalb eine gewisse Zeit dort sitzen.

Versuchen Sie sich zu entspannen und trotzdem die Muskulatur warm zu halten. Nach der Pause machen Sie Ihr Aufwärmprogramm und einige Trockenschüsse.

Ernährung im Wettkampf

Dabei sollte man darauf achten, dass man dem Körper regelmäßig Flüssigkeit und in kleinen Mengen Energie in Form von Nahrung zuführt. Übermäßiger Genuss von Süßigkeiten, Cola oder fetten Nahrungsmitteln sollte man vermeiden. Müsli-Riegel, Vollkornbrot oder Bananen sind da wesentlich besser.

Kapitel 5

Leistungstraining und Trainingsplanung

Prozess der Trainingsplanung

Trainingsplanung ist ein auf das Erreichen eines Trainingsziels ausgerichtetes, den individuellen Leistungszustand berücksichtigendes Verfahren zur systematischen Strukturierung des Trainingsprozesses. Die wichtigsten Merkmale der Trainingsplanung sind dabei ihre fortlaufende Anpassung und ihr Aufbau in zeitliche Phasen. Die Ausarbeitung der verschiedenen Trainingspläne erfolgt als Trainingskonzeption als lang- und kurzfristige Planung.

Wer sich entschlossen hat, ein systematisches Training zu machen, sollte den in der Folge beschriebenen Prozess durchlaufen.

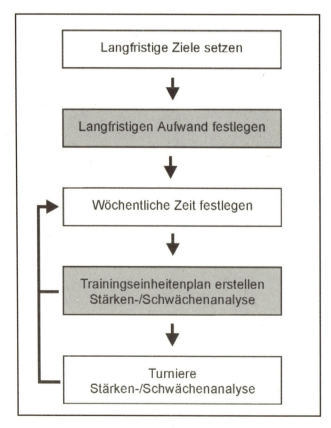

Prozess der Trainingsplanung.

Ziele setzen

Bevor man ein systematisches Training beginnt, sollte man sich über seine Ziele im Klaren sein. Diese Ziele bestimmen nämlich wesentlich die Gestaltung des Trainings. Wichtig ist dabei, dass die Ziele realistisch sind und dass die benötigte Zeit auch tatsächlich zur Verfügung steht.

Ziel	Geschätzter Zeitaufwand pro Woche
Ich will bei Turnieren immer im ersten Drittel liegen.	2 bis 3 x 1/2 Stunde
Ich will bei Turnieren immer unter die ersten zehn kommen.	3 x 1 Stunde
Ich will bei Turnieren immer unter die ersten drei kommen.	4 x 1 Stunde
Ich will Turniere gewinnen.	5 x 1 Stunde
Ich will bei Europa- und Weltmeisterschaften im ersten Drittel platziert sein.	2 bis 3 x 1,5 Stunden
Ich will bei Europa- und Weltmeisterschaften vorne mitmischen.	5 x 1,5 Stunden
Ich will bei Europa- und Weltmeisterschaften gewinnen.	5 bis 6 x 2 Stunden

Geschätzter Zeitaufwand pro Woche: Talent vorausgesetzt, können sich individuelle Unterschiede ergeben.

Arten von Trainingsplänen

Der Jahresplan

Der Jahresplan gibt Auskunft darüber, wie der jährliche Aufwand des Sportlers verteilt werden soll. Erfahrungsgemäß sind die Wintermonate die ruhigeren.

		Zeitaufwand
Januar	Halle	Wenig
Februar	Halle	Wenig
März	Halle/Parcours	Mittel
April	Halle/Parcours	Viel
Mai	Parcours	Sehr viel
Juni	Parcours	Viel
Juli	Parcours	Viel
August	Parcours	Sehr viel
September	Parcours	Mittel
Oktober	Parcours	Mittel
November	Halle	Wenig
Dezember	Halle	Wenig

Beispiel Jahresplan:
Wenig   = 1 bis 2 x 1 Stunde
Mittel   = 3 x 1 Stunde
Viel   = 4 x 1,5 Stunden
Sehr viel = 5 x 1,5 Stunden

Der Wochenplan

Der Wochenplan gibt Auskunft über die Gestaltung mehrtägiger, bis zu einer Woche umfassender Trainingsabschnitte. Er macht damit deutlich, an welchen Tagen erhöhte bzw. erniedrigte Belastungen geplant sind. Auch hier gilt der Grundsatz: Schätzen Sie Ihren Aufwand realistisch ein.

Woche:	8-9	9-10	10-11	11-12	12-13	13-14	14-15	15-16	16-17	17-18	18-19	19-20	20-21	21-22
Mo														
Di													▓	▓
Mi													▓	▓
Do														
Fr							▓	▓						
Sa														
So														

Vorüberlegung Wochenplan: Überlegen Sie, wie viel Zeit Sie pro Woche für das Training aufbringen können und wollen. Die Festlegung sollte realistisch sein.

Der Trainingseinheitenplan

Der Trainingseinheitenplan beinhaltet konkrete Hinweise zur Ausgestaltung der jeweiligen Trainingseinheit und beschreibt die einzelnen Belastungsziele sowie die Methoden, Inhalt und Mittel, die zu ihrer Realisierung benötigt werden.

Der vorbereitende Teil

Unter Vorbereitung versteht man das optimale Einstellen des Sportlers auf die Anforderungen der Trainingseinheit mit Hilfe der physischen Vorbelastung. Eine positive, bewusste Einstellung zu den Trainingsaufgaben erhöht den Trainingseffekt.

Der vorbereitende Teil enthält folgende Aufgabenstellungen:

- *Schaffen einer optimalen Trainingsbereitschaft.*
- *Herstellung einer optimalen Muskelelastizität durch Lockerungs- und Dehnungsübungen.*
- *Aufwärmen.*
- *Einarbeiten der spezifischen Bewegungsabläufe, Erreichen der optimalen Reaktionsfähigkeit.*

Beachten Sie: Es sollten überwiegend einfache und bekannte Übungen ausgewählt werden. Auf eine steigende Belastungszunahme im Sinne der Verletzungsvorbeugung ist zu achten. Die Dauer der Vorbereitung hängt von der Sportart, der Außentemperatur, der Hauptaufgabe etc. ab. Sie sollte etwa 10 - 15 Minuten betragen.

Der Hauptteil

Der Hauptteil der Trainingseinheit enthält Aufgaben, die der Weiterentwicklung oder Festigung der sportlichen Leistungsfähigkeit dienen. Die Einzelaufgaben bestehen hauptsächlich in der technischen Schulung. Werden in einer Trainingseinheit mehrere Aufgaben geschult, dann ist das Prinzip der richtigen Belastungsfolge zu beachten. Die Länge des Hauptteils sollte zwischen 45 und 60 Minuten betragen.

Der abschließende Teil

Durch den abschließenden Teil sollen die nachfolgenden Erholungs- und Wiederherstellungsprozesse eingeleitet und beschleunigt werden. Der Ausklang beinhaltet auch einen freudbetonten Trainingsabschluss.

Beispiele einer Trainingseinheitenplanung

Das vorliegende Formular soll dem Sportler helfen, das Training bez. Inhalt und Umfang zu planen. Es unterteilt das Training in die drei Teile: Vorbereitender Teil, Hauptteil und abschließender Teil. Diese Teile werden vor dem Training ausgefüllt, die Bewertung logischerweise erst nach dem Training.

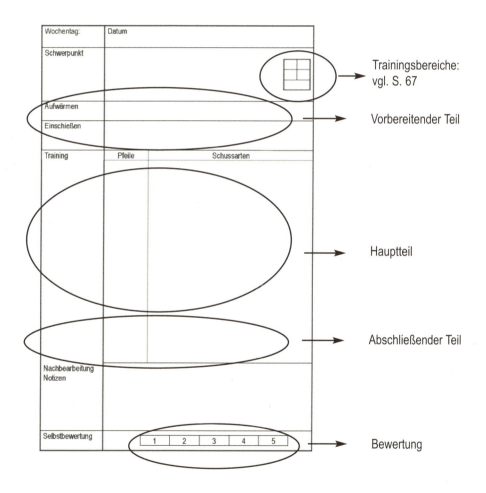

Wochentag:	Datum	
Schwerpunkt	*Auszug, Anker* *Bewegungsablauf*	x | x
Aufwärmen	*Standardprogramm*	
Einschießen	*10 Trockenschüsse, 3 x 3 Schüsse auf nahe Entfernung, je 3 Schüsse auf 10, 15 und 20 m*	
Training	Pfeile	Schussarten
	15	**Auszugskontrolle** *Trockenschüsse (Übung 28)*
	15	**Ankerübung** *Trockenschüsse mit Rohrbogen (Übung 11)*
	10	*Trockenschüsse mit Bogen (Übung 12)*
	10 x 3	*auf 15 Meter*
	5 x 3	*auf 30 Meter*
		Ausschießen
Nachbearbeitung Notizen		
Selbstbewertung	1 2 3 4 5	

Wochentag:	Datum
Schwerpunkt	*Trefferbildtraining* *Pick a Spot* *Geländeanalysen*
Aufwärmen	*Standardprogramm*
Einschießen	*10 Trockenschüsse, 3 x 3 Schüsse auf nahe Entfernung, je 3 Schüsse auf 10, 15 und 20 m*

Training	Pfeile	Schussarten
	7 x 3	*Schüsse auf Einschussscheibe mit Änderung des Standplatzes nach jedem Pfeil (Übung 32)*
	7 x 3	*Schüsse auf 3-D-Scheiben mit Änderung des Standplatzes nach jedem Pfeil (Übung 33)*
	10 x	*Geländeanalysen für beliebige Punkte im Gelände (Übung 39)*
		Ausschießen

Nachbearbeitung Notizen	

Selbstbewertung	1	2	3	4	5

Schwerpunkt-Markierung: oben rechts, mitte links, mitte rechts (x).

Wochentag:	Datum		
Schwerpunkt	*Auszugskontrolle* *Pick a Spot* *Berauf- und Bergabschüsse*		x x x
Aufwärmen	Standardprogramm		
Einschießen	*10 Trockenschüsse, 3 x 3 Schüsse auf nahe Entfernung, je 3 Schüsse auf 10, 15 und 20 m*		
Training	Pfeile	Schussarten	
	10 x *20* *10 x* *20*	**Bergabschüsse** *Auszugskontrolle bei Trockenschüssen bergab mit Positionswechsel.* *(Übung 28)* *Schüsse bergab, mit Wechsel der Abschussposition. Immer neuen Spot suchen. (Übung 36)* **Bergaufschüsse** *Auszugskontrolle bei Trockenschüssen bergauf mit Positionswechsel.* *(Übung 28)* *Schüsse bergab, mit Wechsel der Abschussposition. Immer neuen Spot suchen. (Übung 37)* *Ausschießen*	
Nachbearbeitung Notizen			
Selbstbewertung	1	2	3	4	5

Wochentag:	Datum		
Schwerpunkt	*Geländeanalysen* *Wettkampftraining*		x / x
Aufwärmen	*Standardprogramm*		
Einschießen	*10 Trockenschüsse, 3 x 3 Schüsse auf nahe Entfernung, je 3 Schüsse auf 10, 15 und 20 m*		
Training	Pfeile	Schussarten	
	18	*Turnierrunde unter Wettkampfbedingungen (Übung 48/49)* *Ausschießen: Zahlenschießen*	
Nachbearbeitung Notizen			
Selbstbewertung	1 2 3 4 5		

Wochentag:	Datum	
Schwerpunkt	*Augenschule*	x
Aufwärmen	*Standardprogramm*	
Einschießen	*10 Trockenschüsse, 3 x 3 Schüsse auf nahe Entfernung, je 3 Schüsse auf 10, 15 und 20 m*	

Training	Pfeile	Schussarten
	30 x	*Punkt fixieren (Übung 42)*
	20	*Schüsse auf beliebigen Punkt auf einer 3-D-Scheibe (Übung 43)*
	30 x	*Punkt fixieren mit Ablenkung (Übung 44)*
	20	*Schüsse mit Ablenkung (Übung 45)*
		Ausschießen
Nachbearbeitung Notizen		
Selbstbewertung	1 2 3 4 5	

Freudbetontes Ausklingen

In der Trainingspraxis soll im abschließenden Teil ein „Ausschießen" erfolgen. Unter Ausschießen versteht man, dass man das Training mit einem technisch perfekten Schuss beendet. Unter Umständen ist es nur ein Schuss, es können aber auch mehrere sein.

Es dient dazu, die zentrale Stimulation im Gehirn abzubauen und damit die Regenerationsphase zu starten. Dieser Teil kann ohne weiteres auch freudbetont sein, d. h. dass man mit Schießspielen, wie Zahlenschießen oder Ballonschießen, das Training beendet.

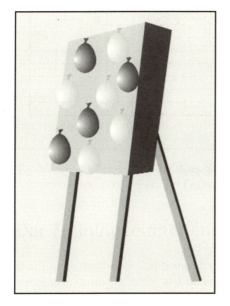
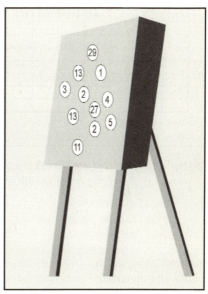

Freudbetonter Trainingsabschluss Ballonschießen: Die hellen Ballons geben Pluspunkte, die dunklen Minuspunkte.

Freudbetonter Trainingsabschluss: Zahlenschießen.

Aufwärmen

Was bewirkt das Aufwärmen?

Durch das Aufwärmen werden die Nervenbahnen vorbereitet, die Muskeln aktiviert und das Bewegungsgefühl angeregt. Muskeln und Sehnen werden geschmeidiger, die Produktion von Gelenkschmiere wird angeregt. Dadurch sinkt die Gefahr von Verletzungen und chronischen Entzündungen durch Überbeanspruchung. Zusätzlich steigt die Koordinationsfähigkeit, Bewegungen können somit exakter ausgeführt werden.

Wann soll aufgewärmt werden?

Vor jedem Training und jedem Wettkampf soll der Körper entsprechend vorbereitet werden. Ein Standardprogramm, das im Training abwechselnd mit anderen Formen und Übungen durchexerziert wird, soll vor dem Wettkampf einstimmen und Vertrauen schaffen.

Während längerer Pausen im Wettkampf soll der Körper durch einzelne Übungen aus dem Aufwärmprogramm in Schwung gehalten werden.

Wie soll aufgewärmt werden?

Das Aufwärmprogramm in seiner vollen Länge sollte ca. 10 bis 15 Minuten dauern. Die Muskulatur lockert man durch vorsichtiges Dehnen der Muskeln. Dies soll immer langsam erfolgen und darf keine Schmerzen verursachen. Zum Aufwärmen „cool stretching" dehnt man die Muskeln ca. 8 bis 15 Sekunden mit zwei Wiederholungen.

Anmerkung: Soll das Stretching zu einer Verbesserung der Dehnbarkeit bzw. zur Beseitigung von Bewegungseinschränkungen dienen, muss der betreffende Muskel gut aufgewärmt sein, und die Dehnung deutlich länger (ca. 30 Sekunden) und öfter (zweimal täglich und jede Übung wiederholt) ausgeführt werden. Vorangehendes Anspannen verbessert dabei den Dehnungseffekt.

Beine und Rumpf dürfen nicht vernachlässigt werden. Sie sind wesentlich für einen sicheren Stand beim Bogenschießen. Bei kühlen Temperaturen ist warme Kleidung zu tragen. Da die Kleidung nach dem Aufwärmen nicht gewechselt wird, sollte man darauf achten, nicht ins Schwitzen zu kommen.

Aufwärmprogramm Kreislauf und Oberkörper

Hüftkreisen: 8er-Kreise in beide Richtungen.

Ellbogenkreisen in beide Richtungen.

Armkreisen in beide Richtungen.

Schulterkreisen in beide Richtungen.

Cool Stretching: Oberkörper-, Schulter- und Handmuskulatur

Flanken dehnen.

Hintere Schultermuskulatur dehnen.

Hinteren Oberarmmuskel, Seitenmuskel dehnen.

Großen Brustmuskel dehnen.

Unterarmstrecker.

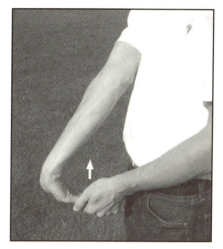
Handgelenks- und Fingerbeuger.

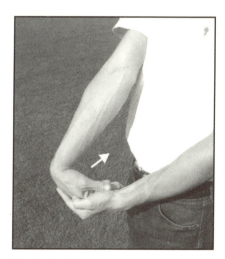
Handgelenksbeuger.

Nackenmuskulatur dehnen.

Stärken-/Schwächenanalysen

Um das Training richtig ausrichten und planen zu können, ist es neben den Wiederholungen, die der Automatisierung dienen, unbedingt notwendig, seine Schwächen zu kennen und deren Behebung zu arbeiten. Zum einen besteht die Möglichkeit, es gefühlsmäßig festzustellen: „In dem Bereich habe ich Schwächen." Zum anderen kann man aber auch seine Stärken und Schwächen analysieren, also planmäßig erheben, und diese Ergebnisse dann in das Training einfließen lassen.

Selbstbewertung der Trainingsbereiche

Ausgehend von den Trainingsbereichen kann man sich auf einer mehrteiligen Skala selbst bewerten.

	1	2	3	4	5
Stand					
Auszug					
Anker					
Release					
Neigung des Kopfes					
Neigung des Bogens					
Kompletter Schuss					
Schätzen Nullpunkt					
Geländeanalysen					
Bergabschüsse „T"					
Bergabschüsse Auszug					
Bergaufschüsse „T"					
Bergaufschüsse Auszug					
Schießen unter Störfaktoren					
Schießen auf einer freien Fläche					
Schießen am Hang entlang					
Kurze Distanzen (unter 20 Meter)					
Mittlere Distanzen (20 – 30 Meter)					
Weite Distanzen (30 – 50 Meter)					
Schießen auf kleine Scheiben					
Schießen bei Regen					
Schießen auf bewegliche Scheiben					
Schießen unter wettkampfähnlichen Bedingungen					

Selbstbewertung zu zwei verschiedenen Zeitpunkten.

Analyse der Turnierergebnisse

Wer sich im Turnier mit anderen messen will, sollte auch wissen, wo er steht. Ein Rang sagt noch relativ wenig über die tatsächliche Leistung aus. Interessanter ist es da schon zu wissen, wie man im Vergleich zum Sieger steht.

Die folgende Analyse geht von der Punktezahl des Siegers mit 100% aus. Die eigene Leistung wird dazu ebenfalls in einem Prozentwert dargestellt und in Relation zu dem des Siegers gestellt.

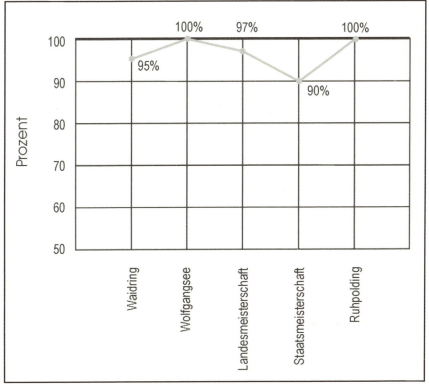

Turnierergebnisse in Relation zum Sieger

$$\frac{\text{Eigene Punktezahl} \times 100}{\text{Punktezahl Sieger}}$$

Feststellung des Leistungszuwachses

Über einen besimmten Zeitraum werden in bestimmten Abständen die Leistungen, hier dargestellt durch unterschiedliche Linien, auf verschiedenen Enfernungen festgestellt. Ein Zuwachs der Leistung ist dann gegeben, wenn die Werte jeweils über der vorangegangenen Linie liegen.

Dazu eignet sich durchaus auch eine FITA-Scheibe mit einer Zehnring-Einteilung.

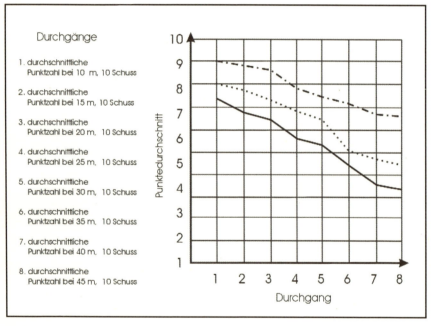

Feststellung des Leistungszuwachses über einen längeren Zeitraum.

Anhang

Wochenpläne

Überlegen Sie, wie viel Zeit Sie pro Woche für das Training aufbringen können und wollen. Die Festlegung sollte realistisch sein.

Woche:

	8-9	9-10	10-11	11-12	12-13	13-14	14-15	15-16	16-17	17-18	18-19	19-20	20-21	21-22
Mo														
Di														
Mi														
Do														
Fr														
Sa														
So														

Woche:

	8-9	9-10	10-11	11-12	12-13	13-14	14-15	15-16	16-17	17-18	18-19	19-20	20-21	21-22
Mo														
Di														
Mi														
Do														
Fr														
Sa														
So														

Woche:

	8-9	9-10	10-11	11-12	12-13	13-14	14-15	15-16	16-17	17-18	18-19	19-20	20-21	21-22
Mo														
Di														
Mi														
Do														
Fr														
Sa														
So														

Woche:

	8-9	9-10	10-11	11-12	12-13	13-14	14-15	15-16	16-17	17-18	18-19	19-20	20-21	21-22
Mo														
Di														
Mi														
Do														
Fr														
Sa														
So														

Trainingseinheitenplan

Wochentag:	Datum
Schwerpunkt	
Aufwärmen	
Einschießen	
Training	Pfeile Schussarten
Nachbearbeitung Notizen	
Selbstbewertung	1 2 3 4 5

Selbstbewertung

	1	2	3	4	5
Stand					
Auszug					
Anker					
Release					
Neigung des Kopfes					
Neigung des Bogens					
Kompletter Schuss					
Schätzen Nullpunkt					
Geländeanalysen					
Bergabschüsse „T"					
Bergabschüsse Auszug					
Bergaufschüsse „T"					
Bergaufschüsse Auszug					
Schießen unter Störfaktoren					
Schießen auf einer freien Fläche					
Schießen am Hang entlang					
Kurze Distanzen (unter 20 Meter)					
Mittlere Distanzen (20 – 30 Meter)					
Weite Distanzen (30 – 50 Meter)					
Schießen auf kleine Scheiben					
Schießen bei Regen					
Schießen auf bewegliche Scheiben					
Schießen unter wettkampfähnlichen Bedingungen					

Feststellung Leistungszuwachs

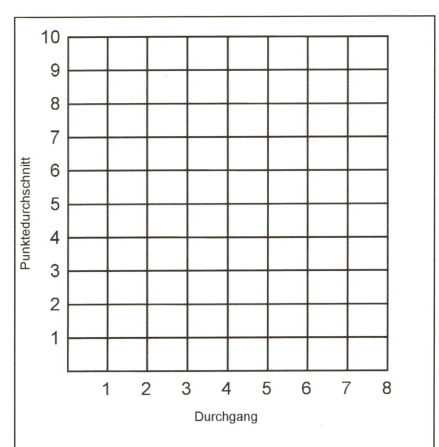

Durchgänge

1 Durchschnittliche Punktzahl bei 10 m, 10 Schuss
2 Durchschnittliche Punktzahl bei 15 m, 10 Schuss
3 Durchschnittliche Punktzahl bei 20 m, 10 Schuss
4 Durchschnittliche Punktzahl bei 25 m, 10 Schuss
5 Durchschnittliche Punktzahl bei 30 m, 10 Schuss
6 Durchschnittliche Punktzahl bei 35 m, 10 Schuss
7 Durchschnittliche Punktzahl bei 40 m, 10 Schuss
8 Durchschnittliche Punktzahl bei 45 m, 10 Schuss

Literatur

Asbell, F.: Instinktives Schießen 1, deutsche Übersetzung, Ludwigshafen 1999.

Asbell, F.: Instinctive Shooting II, Harrisburg 1993.

Haidn, O., Weineck, J,: Bogenschießen, Trainingswissenschaftliche Grundlagen, Balingen 2001.

Kidwell, J.: Instinktive Archery Insights, o. O. 1993.

Swenson, L.-G.: Barebowschießen, Wie zielt man?, deutsche Übersetzung, o.O. 1978.

Ulrich, R., Bachmann, V.: Mit System ins Gold, Hochrhein 1997.

Vorderegger, D., Kaiser, G.: Traditionelles Bogenschießen, Salzburg und Saalfelden 1997.

Weineck, J.: Optimales Training, Erlangen 1997.